蜀道遗产丛书

文化
遗产

陈涛 ◉ 主编

米仓道巴州平梁城调查报告

罗洪彬 著

四川人民出版社

图书在版编目（CIP）数据

米仓道巴州平梁城调查报告 / 罗洪彬著. -- 成都：
四川人民出版社, 2024. 10. -- ISBN 978-7-220-13701-3

Ⅰ. K928.5

中国国家版本馆CIP数据核字第2024AX1887号

MICANGDAO BAZHOU PINGLIANGCHENG DIAOCHA BAOGAO

米仓道巴州平梁城调查报告

罗洪彬　著

出 版 人	黄立新
策划统筹	邹　近
责任编辑	王卓熙
责任校对	蒋东雪
封面设计	李其飞
版式设计	张迪茗
责任印制	周　奇
出版发行	四川人民出版社（成都三色路238号）
网　　址	http：//www.scpph.com
E-mail	scrmcbs@sina.com
新浪微博	@四川人民出版社
微信公众号	四川人民出版社
发行部业务电话	（028）86361653　86361656
防盗版举报电话	（028）86361653
制　　版	四川胜翔数码印务设计有限公司
印　　刷	成都东江印务有限公司
成品尺寸	185mm×260mm
印　　张	12.5
字　　数	200千
版　　次	2024年10月第1版
印　　次	2024年10月第1次印刷
书　　号	ISBN 978-7-220-13701-3
定　　价	85.00元

《蜀道遗产丛书》序一

王子今

交通史和文明史有密切的关系。回顾中国古代交通史，可以看到交通系统的完备程度和通行效率在一定意义上决定性地影响着国家的版图规模、行政效能和防御能力。交通系统是统一国家形成与存在的重要条件。社会生产的发展也以交通发达程度为必要基础。生产工具的发明、生产技术的革新以及生产组织管理方式的进步，通过交通条件可以实现传播、扩大影响、收取效益，从而推动整个社会的全面进步。相反，在不同社会空间相互隔绝的情况下，有些发明往往"必须重新开始"。世界历史进程中屡有相当发达的生产力和曾经灿烂的文明由于与其他地区交通阻断以致衰落毁灭的事例。[1] 从社会史、文化史的视角考察，可以发现交通网的布局、密度和效能，决定了文化圈的范围和规

---

[1] 马克思和恩格斯指出："某一个地方创造出来的生产力，特别是发明，在往后的发展中是否会失传，取决于交往扩展的情况。当交往只限于毗邻地区的时候，每一种发明在每一个地方都必须重新开始；一些纯粹偶然的事件，例如蛮族的入侵，甚至是通常的战争，都足以使一个具有发达生产力和有高度需求的国家处于一切都必须从头开始的境地。在历史发展的最初阶段，每天都在重新发明，而且每个地方都是单独进行的。发达的生产力，即使在通商相当广泛的情况下，也难免遭到彻底的毁灭。关于这一点，腓尼基人的例子就可以说明。由于腓尼基民族被排挤于商业之外，由于亚历山大的征服以及继之而来的衰落，腓尼基人的大部分发明长期失传了。另外一个例子是中世纪的玻璃绘画术的遭遇。只有在交往具有世界性质，并以大工业为基础的时候，只有在一切民族都卷入竞争的时候，保存住已创造的生产力才有了保障。"（《德意志意识形态》，《马克思恩格斯全集》第三卷，人民出版社1960年版，第61—62页）

模，甚至交通的速度也明显影响着社会生产和社会生活的节奏。

马克思和恩格斯非常重视"生产"对于历史进步的意义，而且曾经突出强调"交往"的作用。他们认为："……而生产本身又是以个人之间的交往为前提的。这种交往的形式又是由生产决定的。"他们明确指出："各民族之间的相互关系取决于每一个民族的生产力、分工和内部交往的发展程度。这个原理是公认的。然而不仅一个民族与其他民族的关系，而且一个民族本身的整个内部结构都取决于它的生产以及内部和外部的交往的发展程度。"[①]在论说"生产力"和"交往"对于"全部文明的历史"的意义时，他们甚至曾经采用"交往和生产力"的表述方式。[②]"交往"置于"生产力"之前。这里所说的"交往"，其实与通常所谓"交通"近义。有交通理论研究者认为："交通这个术语，从最广义的解释说来，是指人类互相间关系的全部而言。"[③]所谓"人类互相间关系的全部"，可以理解为"交往"。我们引录的马克思、恩格斯《德意志意识形态》一书中所说的"交往""交往史"，有的译本就直接译作"交通""交通史"，比如1947年出版的郭沫若译《德意志意识形态》就是如此。[④]

在有关中国古代交通的历史文化记忆中，"蜀道"因克服秦岭巴山地理阻隔，对于经济交流、文化联络、政令宣达、军事进退等方面的重要作用，乃至线路设计、工程规划、修筑施行、道路养护等方面组织水准所体现的领先性、代表性和典型性，具有特殊的意义。

对"蜀道"定义的准确理解，曾经存在不同的意见。有一种认识，以为"蜀道"有广义和狭义两说。前者指所有交通蜀地的道路，后者指穿越秦岭巴山联系川陕的道路。甚至还可以看到"蜀道"即"蜀中的道路"或"蜀地"的

---

① 马克思、恩格斯：《德意志意识形态》，《马克思恩格斯全集》第三卷，人民出版社1960年版，第24页。

② 马克思、恩格斯：《德意志意识形态》，《马克思恩格斯全集》第三卷，人民出版社1960年版，第56—57页。

③ 鲍尔格蒂（R.von der Borght）：《交通论》（*Das Verkehrswesen*），转引自余松筠编著：《交通经济学》，商务印书馆1937年版，第6页。

④ 马克思、恩格斯合著，郭沫若译：《德意志意识形态》（郭沫若译文集之五），群益出版社1947年版，第105、63页。

道路这样的解说。①其实，长期以来在文化史上成为社会共识的"蜀道"的定义，久已确定为川陕道路。

虽然南北朝时期古乐府以"蜀道难"为主题的某些作品，或言"巫山七百里，巴水三回曲"②，"建平督邮道，鱼复永安宫"③，似均以巫峡川江水路言"蜀道"，但这是因为南朝行政中心处于长江下游。南朝人所谓"蜀道"自然主要是指"巫山""巴水"通路。其他关于"蜀道"的误识，有些也发生于南北分裂为背景的历史阶段。其实，"蜀道"既不是"蜀中的道路"，也不是所有的"入蜀道"，而是在特定交通史阶段形成的具有比较明确指向的交通线路，即穿越秦岭巴山的川陕道路。在秦以后形成的高度集权的统一王朝管理天下的政治格局中，国家行政中枢联系蜀地的交通道路即所谓"蜀道"，定义是大体明确的。

历史文献较早言及"蜀道"的明确例证，有《史记》卷八《高祖本纪》的记载。项羽分封十八诸侯，"立沛公为汉王"时，为敷衍楚怀王，"与诸将约，先入定关中者王之"④，说"巴、蜀"也是"关中地"。这一策略，其内心真实的出发点其实是"巴、蜀道险"："项王、范增疑沛公之有天下，业已讲解，又恶负约，恐诸侯叛之，乃阴谋曰：'巴、蜀道险，秦之迁人皆居蜀。'乃曰：'巴、蜀亦关中地也。'故立沛公为汉王，王巴、蜀、汉中，都南郑。"⑤又如《后汉书》卷三六《张霸传》记载张霸遗嘱关于葬事的安排："今蜀道阻远，不宜归茔，可止此葬，足藏发齿而已。务遵速朽，副我本心。"张霸"蜀郡成都人也"，时在洛阳生活。⑥由所谓"巴、蜀道险"与"蜀道阻远"可知，在政治文化重心位于黄河流域的统一时代，"蜀道"词语

---

① 有的辞书有这样的解释："【蜀道】蜀中的道路。亦泛指蜀地。"（汉语大词典编辑委员会、汉语大词典编纂处编纂：《汉语大词典》第8卷，汉语大词典出版社1991年版，第1036页）

② 《艺文类聚》卷四二引南朝梁简文帝《蜀道难曲》。

③ 《乐府诗集》卷四〇梁简文帝《蜀道难二首》其一。

④ 《史记》卷八《高祖本纪》："赵数请救，怀王乃以宋义为上将军，项羽为次将，范增为末将，北救赵。令沛公西略地入关。与诸将约，先入定关中者王之。""汉王数项羽曰：'始与项羽俱受命怀王，曰先入定关中者王之，项羽负约，王我于蜀汉……'"（中华书局1982年版，第356、376页）

⑤ 《史记》卷七《项羽本纪》，中华书局1982年版，第316页。

⑥ 《后汉书》卷三六《张霸传》，中华书局2000年版，第1241—1242页。

的指向原本是明朗的。

深化蜀道研究，有必要开阔学术视界，探索和说明蜀道在世界文明史中的意义。

与其他世界古代文明体系的主要河流大多为南北流向不同，中国的母亲河黄河与长江为东西流向（樊志民说）。而黄河流域文化区与长江流域文化区之间，在西段存在着秦岭这一地理界隔，形成了明显的交通阻障。自远古以来先民开拓的秦岭道路成为上古时代交通建设的伟大成就。

秦占有巴蜀，成为后来"唯秦雄天下"[①]，"秦地半天下"[②]，最终实现"秦并天下"[③]，"灭诸侯，成帝业，为天下一统"[④]的重要条件。秦统一天下改变了世界东方的政治文化格局。这一体现了显著世界史意义的历史进程，是以蜀道开通为基本条件的。

蜀道成就了秦汉"大关中"形势的出现。当时的"大关中"即司马迁所划分四个基本经济区之一的所谓"山西"地方[⑤]，成为当时东方世界的政治、经济、文化重心。[⑥]这一情形直到王莽"分州正域"[⑦]，规划"东都"[⑧]，方才改变。

李学勤《东周与秦代文明》划分东周时期的中国为7个文化圈。[⑨]蜀道实现了其中"秦文化圈"与"巴蜀滇文化圈"的直接的交通联系，使得黄河中游的中原地区与长江上游的西南地区融汇为一个文化区。蜀道的进一步延伸即"西

---

① 《史记》卷八三《鲁仲连邹阳列传》，中华书局1982年版，第2459页。

② 《史记》卷七〇《张仪列传》，中华书局1982年版，第2289页。

③ 《史记》卷二八《封禅书》，第1366页；卷三七《卫康叔世家》，第1605页；卷八六《刺客列传》，第2536页。

④ 《史记》卷八七《李斯列传》，中华书局1982年版，第2540页。

⑤ 《史记》卷一二九《货殖列传》，中华书局1982年版，第3253页。

⑥ 王子今、刘华祝：《说张家山汉简〈二年律令·津关令〉所见五关》，《中国历史文物》2003年第1期；王子今：《秦汉区域地理学的"大关中"概念》，《人文杂志》2003年第1期。

⑦ 《汉书》卷九九中《王莽传中》，中华书局1962年版，第4128页。

⑧ 《汉书》卷九九中《王莽传中》："其以洛阳为新室东都，常安为新室西都。"（中华书局1962年版，第4128页）王子今：《西汉末年洛阳的地位和王莽的东都规划》，《河洛史志》1995年第4期。

⑨ 李学勤：《东周与秦代文明》，上海人民出版社2007年版，第10—11页。

南夷"道路以及"西夷西"道路的开通①，打开了有学者称作西南丝绸之路的国际通道。②而敦煌入蜀道路也可以看作西北丝绸之路的支线。③蜀道研究因而也是丝绸之路史研究不宜忽视的学术主题。

为推进蜀道研究的学术进步，蜀道研究院组织了《蜀道遗产丛书》，内容包括文化遗产类和自然遗产类两部分，涉及历史学、文学、考古学、艺术学、文献学、生物学等学科方向，确实实现了多学科的结合。这些论著体现出值得肯定的学术水准。该丛书对蜀道研究的学术进步实现了有力的推促。学术质量和工作效率，都值得学界诚心敬重。

读者面前的《蜀道遗产丛书》第一辑，其编订与出版，无疑是应当得到高度赞赏的新的学术贡献。对于今后蜀道的考察和研究而言，学术基点提升到了新的高度。学术视野的开阔，学术方式的更新，学术认识的拓进，均可以因此得到新的启示。

捧读这些优秀的学术成果，对于今后蜀道研究的学术进步，可以有更为乐观的预期。

王子今

2024年6月10日，甲辰端午

于山东滕州旅次

---

① 王子今：《汉武帝"西夷西"道路与向家坝汉文化遗存》，《四川文物》2014年第5期。

② 王子今：《海西幻人来路考》，《秦汉史论丛》第8辑，云南大学出版社2001年版。

③ 王子今：《说敦煌马圈湾简文"驱驴士""之蜀"》，《简帛》第12辑，上海古籍出版社2016年版；《河西"之蜀"草原通道：丝路别支考》，《丝绸之路研究集刊》第1辑，商务印书馆2017年版。

《蜀道遗产丛书》序二

陈 涛

一

　　蜀道是中国古代从关中平原穿越秦岭、巴山到达四川盆地的道路交通体系，其沿线拥有喀斯特、丹霞等特殊地貌和壮观的自然景观，分布着具有全球意义的生物多样性保护区域，留存着诸多重要历史文化遗址遗迹，已成功入选"世界自然与文化遗产预备名录"。

　　千年古蜀道，半部华夏史。蜀道沟通四川盆地与中原地区，连接长江文明和黄河文明，连通南北丝绸之路，奠定中国古代盛世的坚实基础，促进中华多族群、多区域、多元一体文明格局的形成，见证古代中国与世界其他文化的交往交流交融，彰显中华民族"因地制宜"智慧与"开拓进取"精神。作为一条贯通中国南北的大动脉，蜀道在历史上的政治、经济、文化、社会、生态等方面的作用是巨大的，其不仅对中国历史演变有重大影响，在世界文明史中也有着十分重要的意义。

　　蜀道是一条国家统一之路，对于沟通中原与西南地区、维护国家统一发挥着巨大作用。周武王伐纣，实得巴蜀之师；秦据巴蜀，终并六国；楚汉相争，刘邦任萧何留守巴蜀，东定三秦；三国鼎立，诸葛亮以汉中为基地，创造以攻为守的军事奇迹；隋末李渊起兵晋阳、夺取关中后，取巴蜀，收荆襄，奠定唐开国的后方基地；北宋先取四川，后定江南。蜀道在不同历史时期对于维护国家统一都发挥着不可替代的作用。

蜀道是一条富庶发展之路，对历史上巴蜀与外界的贸易交流影响深远。四川盆地与关中平原在中国历史上是两个开发最早、最为繁荣的经济区，都赢得了"天府之国"的美名，这两大经济区，通过蜀道很好地联系起来，在立国安邦中起到了巨大作用。所以，陈子昂曾说："蜀为西南一都会，国之宝府，又人富粟多，浮江而下，可济中国。"杜甫在安史之乱后也说："河南、河北、贡赋未入。江淮转输，异于曩时。唯独剑南，自用兵以来，税敛则殷，部领不绝，琼林诸库，仰给最多，是蜀之土地膏腴，物产繁富，足以供王命也。"中国最早的纸币——交子，便是宋代蜀道经济带茶马、茶盐贸易的结晶。在漫长的历史时期，蜀道促进了巴蜀与关中经济的互通与发展。

蜀道是一条文明交融之路，在通衢南北的历史长河中，促进了多种文化的交流融合，留下诸多珍贵的历史文化遗产。凭借蜀道，巴蜀文化穿岷山越秦岭，逶迤北上，徜徉于三秦大地，并折而东向，与中原文化密切交流，成为中国重要的地域文化。"栈道千里，无所不通"，蜀道打通了南北两条丝绸之路，让蜀地成为古代中外文化、经济交流的核心地带之一。蜀道的存在，使黄河和长江两大文明得以交汇，从而加速了巴蜀与汉中、关中乃至全国各地经济文化的联系，促进了商品经济发展和城市繁荣，并形成汉唐时期沿蜀道繁华的城市经济带。除此之外，蜀道上众多的历史遗存与文化景观，构成了规模大、时间长、内涵丰富且独具特色的蜀道文化遗产，不仅是中国古代交通史的重要见证，更是触摸古代历史文化的必要脉搏。例如蜀道上的关隘，南起成都，北至汉中，有绵竹关、白马关、涪关、瓦口关、剑门关、白水关、葭萌关、天雄关、飞仙关、朝天关、阳平关、七盘关等，不少栈道、关隘上都有悲壮的历史故事和重要的遗迹，如刘邦、韩信明修栈道、暗度陈仓；两汉之际公孙述进攻关陇；三国时诸葛亮两次于斜谷设疑兵而主力出祁山、陈仓，姜维在剑门关拥兵死守而迫使进攻之敌改道入川；南宋军民在大散关英勇抵抗金兵的多次猛攻；蒙古拖雷部攻克武休关而陷汉中；等等，都显示出蜀道关隘遗址是蜀道历史文化的重要见证，成为宝贵的古代交通与军事文化遗产。

蜀道是一条绿色生态之路，沿线拥有优美壮观的自然景观，是我国重要的生物多样性保护地与濒危物种栖息地。蜀道沿线分布有秦岭太白山国家森林公园、米仓山国家森林公园、天曌山国家森林公园、剑门关国家森林公园，还有近万株古柏组成的翠云长廊，森林内有各种奇特的自然景观及珍稀的野生动植物资源。蜀道上地表奇秀的峰丛、石林、峡谷景观，独特的喀斯特地貌，以及保存完整、品种众多、面积最大的水青冈群落，都极具美学价值和保护价值。传承几百年的"古柏离任交接制度"，时至今日仍传承发扬，闪耀着生态环境保护的历史光芒。蜀道的发展史、保护史，都完全凸显了古蜀道是尊崇环保、发展生态的突出范例。

蜀道作为出入四川尤其是西蜀与中原之间的黄金通道，千百年来，络绎不绝的各色人等来来往往，川流不息。尤其是传播佛、道信仰的高僧、高道们，他们或从中原入蜀，或从蜀道出川，一路上留下了大量的石窟造像、石刻雕塑、建筑壁画等珍贵的艺术品，从而使得蜀道沿线地区又成为宗教遗产的密集区。

历经数千年历史风云积淀的蜀道上，还遗存着丰富的古城、古镇、古村、古寨等，它们具有多彩的形态、古朴的民风、独特的建筑风格和深厚的文化底蕴，是映射中华民族文化之光的聚落，可谓古蜀道上一颗颗闪亮的明珠。这些古代聚落很好地实现了历史继承与时代递变的和谐发展，成为当今蜀道沿线重要的人文景观，颇具文化和旅游价值。

蜀道盘旋于秦岭、巴山间，高山峡谷，道阻且长。人们凿山筑栈，架桥渡水，采用不同工程技术，克服重重障碍，连通巴蜀与中原，天堑变通途。从春秋战国的"巴蜀苴秦地缘"，到"五丁开道"，再到唐代诗人李白的《蜀道难》，这条中国古代从关中平原穿越秦岭、翻越巴山，到达四川盆地的交通大动脉，以险峻闻名遐迩。千年前，面对古蜀道逼仄崎岖，部分路段甚至被称为鸟道，蜿蜒盘旋于峭壁之上的环境，先民们为了贯通南北大地，以勤劳智慧和顽强意志，一点一滴寻求方法解决问题，一砖一石地成就了蜀道千年传承的辉煌。在生产力不发达的古代，不断探索和开拓未知领域，为了目标下定决心、不怕牺牲、排除万难去争取胜利，正是中华民族精神的具体体现和宝贵财富。

蜀道是人类历史上顺应自然、改造自然并与自然和谐共生的典范。纵观中华文明史，秦岭是中国几大基本地域文化区相互联系的最大的天然屏障，作为穿越秦岭的早期道路，蜀道是民族文化显现超凡创造精神和伟大智慧与勇力的历史纪念。在蜀道上诞生了世界上最早的人工隧道——石门，遗留下了蜿蜒的古栈道，遗留下了数量众多的关隘、驿铺和寨堡……遇山开山，修路铺道；遇水架设栈道，立柱修桥。这些蜀道上的历史文化遗迹无不处处体现着千百年来巴蜀民众不屈不挠、因地制宜、开拓进取的精神。

丰沛厚重、绮丽多姿的蜀道文化遗产与自然遗产，见证着中华文明突出的连续性、创新性、统一性、包容性、和平性，见证着中国百万年的人类史、一万年的文化史、五千多年的文明史，也见证着中华文明对世界文明进步所作出的重要贡献。

二

从商周之际算起，蜀道已有近三千年历史，相关研究多有开展，但真正学术意义上的蜀道研究是在中华人民共和国成立后才发展兴盛的。学界从考古调查、文献整理、历史文化、文学艺术、环境生态等层面展开蜀道研究，取得不少成绩，西华师范大学专家学者在此领域的成果尤其值得关注。

20世纪80年代，西华师范大学成立巴蜀文化研究所、区域经济研究所，关注蜀道遗产资源，推出了《巴蜀文化大典》《巴蜀佛教碑文集成》《巴蜀道教碑文集成》《司马相如集校注》《扬雄集校注》等系列成果，确立了研究方向。

2007年，西华师范大学组建西部区域文化中心，建设省社科基地，推出《巴蜀文学史》《巴蜀方志艺文篇目索引》《蜀鉴校注》等成果，蜀道研究全面展开，呈现出多学科、多领域齐头并进的趋势。

2017年，西华师范大学设立蜀道研究中心，承担蜀道申遗重大项目，推出蜀道研究领域中的首套大型文献丛书《蜀道行纪类编》，确立了其在蜀道研究领域中的领先地位。其后，相关研究人员先后承接国家社科基金重点项目、国家自然科学基金项目等国家级科研项目36项，横向科研项目49项，获得省科技进步奖、社会科学优秀成果奖等省级以上奖励21项，取得了较好的社会效益与经济效益。

2023年7月25日，习近平总书记考察广元翠云廊古蜀道期间，西华师范大学蔡东洲教授全程担纲讲解工作。其后，西华师范大学相关专家学者在中央电视台等30多家媒体上传播蜀道文化，其蜀道研究享誉海内外。2023年12月12

日，蜀道研究院正式揭牌，西华师范大学的蜀道研究开启了新篇章。

为深入学习习近平总书记来川视察重要指示精神，贯彻落实党中央和省委、省政府关于蜀道保护利用部署要求，推动蜀道考古调查、文献整理、生态保护等跨领域多学科研究，打造中国蜀道研究高地，蜀道研究院计划分期分批推出《蜀道遗产丛书》，集中呈现蜀道研究优秀成果，提供蜀道保护传承、创新利用、宣传普及、文旅融合、传播交流等工作的学术支持。

《蜀道遗产丛书》分为文化遗产和自然遗产两类。第一辑中，文化遗产类有《唐五代入蜀文人与蜀道诗研究》《唐宋蜀道文学研究》《蜀道南段调查报告（2017—2018）》《蜀道南段古代壁画遗珍》《米仓道巴州平梁城调查报告》《司马相如集校注与研究》6种；自然遗产类有《四川米仓山国家级自然保护区台湾水青冈的生存现状》《大熊猫研究》《四川唐家河国家级自然保护区生物多样性研究》《濒危植物水青树的保护生物学》4种。作者既有年届鲐背的李孝中先生，"国家哲学社会科学成果文库"入选者蔡东洲教授，大熊猫生态生物学研究奠基人和"中国大熊猫研究的第一把交椅"的胡锦矗先生，又有蜀道文学艺术研究领域的主力军严正道教授、伍联群教授、刘显成教授，蜀道生态研究领域的知名学者张泽钧教授、胥晓教授、甘小洪教授，以及蜀道考古领域的新秀罗洪彬博士等，充分体现出西华师范大学专家学者在蜀道研究领域薪火相继、代有传承、开拓进取的学术风范。

尺有所短，寸有所长，研究者的学术理念、研究方法有别，学养亦有差异，这些成果中也会存在引起讨论之处，恳请专家学者不吝赐教，齐心协力助推蜀道研究工作纵深发展，创建线性遗产保护研究传承典范，为奋力谱写中国式现代化四川新篇蜀道华章、建设中华民族现代文明作出贡献。

陈　涛

2024年6月18日

作者简介

罗洪彬 1990年生，四川宜宾人，毕业于四川大学考古文博学院，历史学博士，现为西华师范大学讲师。长年致力于蜀道及山城寨堡、佛教石窟寺的考古研究工作，主持"巴中地区宋元山城遗址调查与综合研究""米仓道考古调查与研究""蜀道沿线宋蒙战争遗存调查与研究"等省、厅、校级项目7项。近年来先后出版《嘉陵江流域石窟寺调查及研究》《巴蜀宋元城堡——大良城》《南宋末川渝陕军事设施的调查研究》《巴蜀地区宋蒙山城遗址考古调查与研究》等学术专著4部，在《文物》《敦煌研究》《形象史学》《南方民族考古》《四川文物》等专业期刊发表相关学术论文10余篇。

目 录

第一章

米仓道、巴州及平梁城概况

第一节
米仓道与巴州概况

一、米仓道概况

米仓道是历史上从汉中平原中部沿濂水河谷南下翻越米仓山，再沿南江河谷抵达四川盆地的重要通道。在不同历史时期的文献中，米仓道有不同的名称，唐代始称"巴岭路"，五代之后又有"大竹路""大巴路""小巴路"等名称，"米仓道"之称则始见于清代文献之中。米仓道与金牛道、荔枝道同为蜀道南段的重要组成部分，在秦汉以来的历代政治、军事、贸易、文化交流等活动中，曾发挥过十分重要的作用，在中国交通史上占据着重要的历史地位。

米仓道开通于何时，历代文献虽记载颇多，但均无明确说法，因此历来众说纷纭，难以确定。王子今、李久昌等学者认为"米仓道"得名或与"米贼""米巫"于"巴汉"割据时期的刻意经营和频繁利用此条道路有关，而"米仓道""米仓山"以及"米仓关"等名称之由来，或与张修、张鲁"五斗米道""五斗米师"及"米贼"等称谓有所关联。[①]过去还有两种说法，其一认为米仓道的开通与秦末汉初萧何南下南江"韩溪"追韩信有关；其二则认为米仓道形成于东汉建安二十年（215年）曹操出兵征伐盘踞汉中的张鲁，张鲁兵败后奔米仓山入巴中之时。然而，亦有学者提出疑问，认为无论是萧何追韩

---

① 参见王子今：《汉末米仓道与"米贼""巴汉"割据》，《陕西理工学院学报》（社会科学版）2013年第2期；王子今、王遂川：《建安二十年米仓道战事》，《南都学坛》（人文社会科学学报）2013年第2期；王子今：《"米仓道""米仓关"考》，《宝鸡文理学院学报》（社会科学版）2018年第5期；刘庆柱、王子今主编，李久昌著：《中国蜀道》第一卷《交通路线》，西安：三秦出版社，2015年，第497—499页；等等。

信，抑或是张鲁兵败循米仓山而遁，皆是非常之时的仓促之举，只能循原已有之的通道，而不应认为米仓道开通于当时。①反观之，前述文献的记载恰好反映了至少在秦汉时期米仓道已具备一定的通行条件，而非此时才开通。李久昌等学者结合文献记载及巴山南北区域的考古材料推断，米仓道作为沟通汉中平原与川东北地区的交通线路，至迟在距今5000年左右的新石器时代晚期就已初步萌芽，同时指出米仓道与巴文化的形成和发展可能有密切的关系，其应是古代巴人建立古巴国，联系汉中与巴中两地的产物。②而《尚书》《华阳国志》等文献中记载的巴师参加周武王伐纣之事，以及春秋战国时期巴国与秦、楚、蜀诸国之间的密切关系则表明，米仓道在商周时期得到了进一步的早期发展。

秦汉时期，米仓道在刘邦袭取关中、夺取天下，汉武帝经营西南夷等重大历史事件中发挥了重要作用。汉魏时期，米仓道成为曹魏与张鲁、刘备政权争雄的军事交通线，张鲁兵败南遁巴中，张郃南下袭扰三巴及败于张飞之后北退汉中等军事事件均发生在米仓道及其支路沿线。三国两晋南北朝时期，南北政权长期对峙，米仓山南北区域的州、郡、县建制日益增多，变动频繁，南北移民大量涌入，促进了这一区域的开发和繁荣。米仓道不仅作为沟通联系这些州、郡、县治所的重要通道，同时亦扮演了移民通道和文化交流通道的角色。彭邦本等学者认为，当时米仓山南北州、郡、县建置的迅速增设，与当地经过长期的开发、移民而日益繁荣密不可分，这种局面既是得益于交通进步，反过来亦促进了交通的进一步发展。③这是比较符合实际的。

唐宋时期，米仓道地位进一步上升，成为与金牛道媲美的国家驿道，具备了官道属性，进入了发展繁盛时期。特别在川西地区面临战争威胁致使金牛道不太安全的时候，米仓道一度成为联系关中、汉中平原与四川盆地的主要通道。为了控制这条官道，唐宋中央王朝加强了米仓道沿线的驿传体系和栈道的建设，这在文献和考古材料两方面都有所体现。同时，中央王朝对巴、汉之

---

① 刘庆柱、王子今主编，李久昌著：《中国蜀道》第一卷《交通路线》，西安：三秦出版社，2015年，第487页。

② 刘庆柱、王子今主编，李久昌著：《中国蜀道》第一卷《交通路线》，西安：三秦出版社，2015年，第488—490页。

③ 彭邦本：《米仓道路线与性质初探》，《四川文物》2013年第1期。

间的行政建置进行了大力调整，通过强化行政隶属关系等措施来保障米仓道的
畅通。①唐宋时期，米仓道是一条重要的文化交流通道和商贸通道。"安史之
乱"以后，大量官宦文人及商贩等经由米仓道入蜀，促进了蜀、巴、汉之间经
济、文化的交流与繁荣，如巴中地区唐宋石窟之兴盛便与这一时期米仓道的繁
荣关系密切，不少学者对此已有深入研究。②除此之外，唐宋时期米仓道还是
一条非常重要的军事要道，文献记载发生在米仓道的军事行动多达十余次，以
两宋时期最为频繁。③南宋王朝建立后，在川陕地区先后与金、西夏和蒙古长
期对峙。这一时期米仓道的军事地位大幅提升，成为汉中与巴中之间用兵之
孔道，多次见载于文献之中。时至今日，米仓道沿线保存的大量碑刻、寨堡、
关隘等文物遗迹亦可充证据。如南江县琉璃关附近石壁所刻"任荣记事题刻"
中，便记载了南宋绍兴三年（1133年）金兵进攻兴元府之事。宋蒙战争期间，
米仓道是双方激烈争夺的战略要道，双方在米仓道沿线展开了多次交锋。自绍
定年间拖雷强行"假道伐金"后，尤其是在占领汉中之后，蒙古军队先后多次
沿米仓道南下袭扰川东北地区；其后，南宋亦尝试经米仓道反攻兴元，巴州平
梁城便是在此历史背景之下修筑而成的。于南宋而言，米仓道的得失直接关系
到南宋川东北及渠江、嘉陵江防线的安危。对蒙古而言，彻底掌控米仓道则是
其突破南宋川东北防线，并顺利实施"据夔取蜀"战略的前提保障。

　　元明清时期，因国家政治中心远离关中，加之汉中与巴蜀行政隶属关系
的变迁等原因，川陕交通形势发生了一些变化，米仓道亦呈现新的特点，逐步
由唐宋时期的官道性质转化为官民并用和民间商旅通道。尽管性质有所变化，
但元明清三代对米仓道的经营和管理仍然较为重视。特别是明清川东北动乱时

---

① 李久昌：《唐宋至明清时期的米仓道交通及作用》，《陕西理工学院学报》（社会科学版）2016年
第3期。

② 相关研究参见雷玉华：《巴中石窟开凿之背景》，《四川文物》2005年第6期；雷玉华：《米仓道
与巴中石窟》，《敦煌研究》2005年第1期；彭邦本：《米仓道路线与性质初探》，《四川文物》2013
年第1期；李久昌：《唐宋至明清时期的米仓道交通及作用》，《陕西理工学院学报》（社会科学版）
2016年第3期；等等。

③ 部分学者对这一时期经米仓道的军事行动进行过统计，相关成果参见陈显远：《"米仓道"考略》，
《文博》1988年第1期；兰勇：《米仓道的踏察与考证》，《四川文物》1989年第2期；李久昌：《唐宋至
明清时期的米仓道交通及作用》，《陕西理工学院学报》（社会科学版）2016年第3期；等等。

期，米仓道亦被频繁利用。川陕苏维埃时期，米仓道则是川陕苏区的"红色交通线"。时至今日，米仓道部分路段仍在使用。

关于米仓道的具体路线问题，因文献记载纷繁复杂，加上缺乏足够的考古遗存支撑，致使学者们各执己见，莫衷一是。①但米仓道并非单一线路，而是一条由主线、若干支线和延长线等陆路和巴江等水路串联而成的多线复合的南北向交通网络，已成为学术界的共识。如刘庆柱、王子今主编《中国蜀道》一书中，认为米仓道是一个包括东、中、西三条大道，以及洋壁道等支线和南北延长线等线路在内的复杂交通系统。三条大道即汉中—南江—巴中道、汉中—通江—巴中道、汉中—旺苍—巴中道。②这三条主线虽中途经过之地有别，

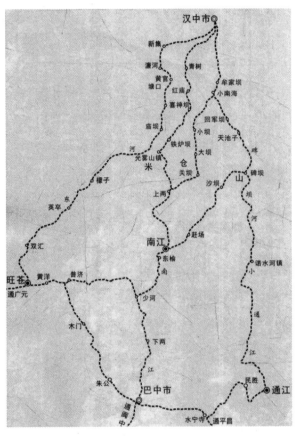

图1-1　米仓道线路示意图
（采自刘庆柱、王子今主编，李久昌著：《中国蜀道》第一卷《交通路线》，西安：三秦出版社，2015年，第540页，图7-21）

① 目前学术界关于米仓道路线的考证成果颇丰，可参见陈显远：《"米仓道"考略》，《文博》1988年第1期；蓝勇：《米仓道的踏察与考证》，《四川文物》1989年第2期；李烨、余忠平：《米仓道考察记》，《文博》1994年第2期；梁廷保：《古米仓道考》，《四川文物》2001年第3期；彭邦本：《米仓道路线与性质初探》，《四川文物》2013年第1期；李烨：《唐宋巴岭路考证》，《四川文物》2016年第2期；郭声波：《论米仓道的系统问题及其历史地位》，《四川文物》2012年第6期；刘庆柱、王子今主编，李久昌著：《中国蜀道》第一卷《交通路线》，西安：三秦出版社，2015年，第525—551页；等等。
② 刘庆柱、王子今主编，李久昌著：《中国蜀道》第一卷《交通路线》，西安：三秦出版社，2015年，第525—548页。

但南端终点均为巴州（今巴中），南延至阆州（今阆中）、蓬州（今仪陇县南）、渠州（今渠县）、通州（今达州）等地的水陆延长线，亦均自巴州而出（图1-1）。可见在米仓道系统中，巴州始终扮演着非常重要的角色，它既是米仓道主线的南端终点，亦是米仓道多线复合交通网络的重要枢纽，这是毋庸置疑的。

二、巴州概况

今巴中地区古为巴州之地，位于四川盆地东北部，地处川陕交界之大巴山系米仓山南麓，秦岭—淮河南北分界线以南，东临达州，南接南充，西靠广元，北接陕西汉中。巴中辖区面积为1.23万平方公里，下辖巴州、恩阳二区及通江、南江、平昌三县。地形地貌上属于典型的盆周山区，地势北高南低，由北向南倾斜。气候上属亚热带季风气候，湿润多雨，四季分明。辖区内河流水系发达，巴河、恩阳河、通江河、南江河等为域内主要河流，自然资源丰富。①

巴州历史悠久，域内月亮岩遗址和通江擂鼓寨遗址等新石器时代晚期遗址的发现，表明早在五千多年前巴州地区即有人类生存繁衍。巴州古属《禹贡》梁州之域，春秋时为巴子国。公元前316年，秦灭巴蜀，置巴郡（治江州，今重庆市）。西汉时，巴州属巴郡宕渠县地；东汉和帝永元三年（91年），分宕渠县北界置汉昌县，境属巴郡。汉献帝建安六年（201年），刘璋分巴郡置巴西、巴东二郡，境属巴西郡；刘备分巴西郡置宕渠郡后，属宕渠郡，后郡废，仍属巴西郡。两晋南北朝至隋唐时期，巴州地区建置变迁较大。西晋太康年间（280—289年），改置晋昌郡，属梁州，寻废复故。建兴元年（313年）改名汉兴，隶属梁州宕渠郡，成汉时期因之，治巴州镇（今巴中市巴州区）。南朝刘宋末，改置归化郡于曾口溪，以领僚户，不置属县。萧齐因之。北魏正始元年（504年），南齐梁州刺史夏侯道迁以汉中之地降魏，于是分其地于汉昌县

---

① 相关数据资料引自巴中市人民政府官网，网址：https://www.cnbz.gov.cn/zjbz/bzgk/12623881.html，访问日期：2024年3月29日。

置大谷郡。北魏延昌三年（514年），始置巴州，因其地在巴岭之南，取古巴国以为名。北周大象二年（580年），改置化成县，治巴州镇，因州南三里有化成山而得名。①隋唐时期，巴州时废时立。隋开皇三年（583年），罢巴州之太古、归化、木门、北水四郡，万州之万荣、遂宁、哀戎、义阳四郡，合置为巴州。②隋炀帝大业三年（607年），改巴州为清化郡，统县十四。③唐高祖武德元年（618年），改清化郡为巴州；唐玄宗天宝元年（742年），仍改为清化郡；唐肃宗乾元元年（758年），复为巴州，属山南西道，治化成县巴州镇，领化成、清化、曾口等九县。④五代因之。北宋时，为巴州清化郡，领化成、难江、恩阳、曾口、通江五县，属利州东路。元朝定鼎，以巴州属广元路。明洪武九年（1376年），省化成县入巴州，旋即改巴州为巴县，属保宁府。明正德十年（1515年），复为巴州，领南江、通江二县，仍隶保宁府。⑤清代，巴州属川北道保宁府，不辖属县，设江口分州于今平昌县江口镇。民国二年（1913年），巴州改为巴中县，属川北道（治今阆中），次年（1914年）改属嘉陵道（治今南充）。川陕苏维埃时期，于辖区内设巴中特别市及巴中、恩阳、长胜三个苏维埃县政府，巴州镇为省、道、市苏维埃驻地。⑥民国二十四年（1935年），四川省实施行政督察区之制，全省共分为十八个督察区及西康行政督察区，巴中、南江、通江等县属第十五行政督察区（治今达州）。⑦1949年12月21日，巴中解放；1950年，巴中县人民政府成立，属西南区川北行政区达县专区；1993年，析达县地区下辖的巴中、通江、南江、平昌四县，设立巴中地区。2000年撤销巴中地区，设地级市巴中市，辖巴州区及通江、南江、平昌三

① 道光《巴州志》卷一《地理志·沿革》，四川省地方志编纂委员会辑：《四川历代方志集成》第二辑，第4册，北京：国家图书馆出版社，2015年，第28页。

② 蒲孝荣：《四川政区沿革与治地今释》，成都：四川人民出版社，1986年，第167页。

③ （唐）魏徵等撰：《隋书》卷二十九《地理上》，北京：中华书局，1973年，第818、819页。

④ 蒲孝荣：《四川政区沿革与治地今释》，成都：四川人民出版社，1986年，第238、239页。

⑤ 道光《巴州志》卷一《地理志·沿革》，四川省地方志编纂委员会辑：《四川历代方志集成》第二辑，第4册，北京：国家图书馆出版社，2015年，第29页。

⑥ 资料引自巴州区人民政府官网，网址：http://www.bzqzf.gov.cn/kybz/lsyg/index.html，访问日期：2024年3月29日。

⑦ 蒲孝荣：《四川政区沿革与治地今释》，成都：四川人民出版社，1986年，第492—500页。

县。2013年，增设恩阳区，最终形成了今日两区三县的行政区划。

巴州位于米仓道南端，控守川陕要地，自古以来便是形胜要害之区（图1-2），历代文献中对其均有诸多记载。如宋王象之《舆地纪胜》卷一百八十七《巴州》条曰："巴州控扼南郑要路"，又引王旦《高士瑰画像记》曰：

> 巴控扼梁、洋，吾蜀孔道，形势绝剑关之险，飞蹬逾栈道之危，犄角利、阆，连横绵、剑，遮蔽东、西川，最为襟喉要害地。[1]

雍正《四川通志》卷三《形势》载：

> （巴州）群山雄峙，巴水环流，扼险据岩，梁、益要地。[2]

乾隆《巴州志略》载：

> （巴州）万山雄峙，一水曲流，扼险岩疆，南郑要路。[3]

嘉庆《四川通志》卷九《形势》载：

> 连四郡之边境，当八县之冲衢，东南笔秀，山纪水兰；西北回湍，城枕字水。通一线于北方，汉南在其指掌。顺两江而南下，川东便于建瓴。固梁、益之奥区，亦巴蜀之重镇也。[4]

---

① （宋）王象之撰，李勇先校点：《舆地纪胜》卷一百八十七《巴州》，成都：四川大学出版社，2005年，第5472、5473页。

② 雍正《四川通志》卷三《形势》，四川省地方志编纂委员会辑：《四川历代方志集成》第四辑，第1册，北京：国家图书馆出版社，2017年，第244页。

③ 乾隆《巴州志略·形胜》，四川省地方志编纂委员会辑：《四川历代方志集成》第二辑，第4册，北京：国家图书馆出版社，2015年，第2页。

④ 嘉庆《四川通志》卷九《形势》，四川省地方志编纂委员会辑：《四川历代方志集成》第四辑，第5册，北京：国家图书馆出版社，2017年，第127页。

道光《巴州志》卷一《形胜》引《读史方舆纪要》云：

> 州北走兴元，西达阆、利，江山环峙，僻而实险。说者谓州居三巴之中，有中巴之号，土田沃衍，民物繁阜，有事于利、夔之间，州其枢要之地矣。①

《保宁府志》等文献中亦有相近记载。正是因为控扼米仓古道，同时占据形胜要害，巴州在历代军事战争中往往成为兵家必争的襟喉要地。尤其是在宋蒙战争时期，巴州和米仓道的军事地位直线上升，双方在巴州和米仓道沿线展开了旷日持久的攻防战，深刻地影响了宋蒙四川战局。位于巴州近郊的平梁城遗址便是这一时期修建的军事要塞。

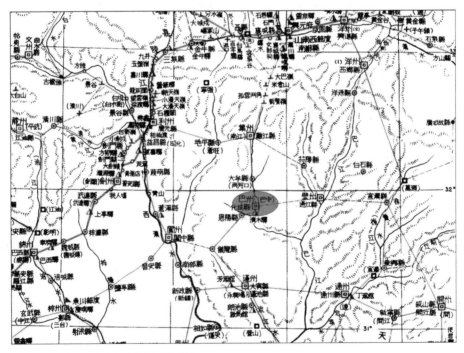

图1-2 巴州与蜀道南段古道位置关系图

[笔者据严耕望《唐代交通图考》，上海：上海古籍出版社，2007年，图十四《唐代渭水蜀江间山南剑南区交通图（西幅）》改绘]

---

① 道光《巴州志》卷一《地理志·形胜》，四川省地方志编纂委员会辑：《四川历代方志集成》第二辑，第4册，北京：国家图书馆出版社，2015年，第32页。

第二节
平梁城遗址概况

平梁城遗址位于今四川省巴中市巴州区平梁镇炮台村平梁山上，2012年被公布为四川省第八批省级文物保护单位。从宏观地理形势上看，平梁山地近巴州旧治，控制着米仓道主线和巴河等水陆交通要道，是南宋掌控米仓道的重要倚仗；从微观地理形势上看，平梁山地势险要，文献中称其"壁立万仞"[①]、"四围石壁如城"[②]，且山顶宽平开阔，水源充足，适宜耕种，符合修筑山城、屯兵积粮的各项条件（图1-3）。

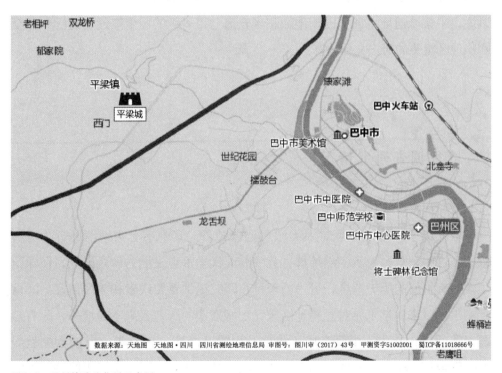

图1-3　平梁城遗址位置示意图

---

① （清）刘喜海：《金石苑》，《石刻史料新编》第一辑，第九册，台北：新文丰出版公司，1982年，第6476页。

② 嘉靖《四川总志》卷六《山川》，明嘉靖刻本。

宋理宗淳祐十一年（1251年），时任南宋四川制置使的余玠为反攻兴元（今汉中），命都统制张实于此筑平梁城，作为后方基地。余玠北伐失利后，平梁城又成为抵御蒙古军队沿米仓道南下川东的前沿阵地。在南宋宝祐至景定年间，平梁城一度成为宋蒙双方在渠江流域上游激烈争夺的焦点。蒙军占领平梁城后，以其为基地控制了南宋渠江上游的广阔区域，打破了南宋渠江上游防线，使蒙军得以顺利实施"据夔取蜀"战略，兵锋直指开、达、夔、万地区，在一定程度上缩短了宋蒙战争的历史进程。在明正德年间爆发于保宁府的"鄢蓝起义"和清嘉庆年间席卷川东北的"白莲教起义"中，平梁城又再度发挥避乱保聚的壁垒作用，巴州治所曾数度迁移其上，多次护佑了巴州军民的安全。国共对峙时期，徐向前、李先念等革命先烈曾率领红军战士在平梁城与盘踞巴州的田颂尧部展开激战，一举击溃了田颂尧的反动军队，解放了巴中地区。可以说，平梁城遗址见证了巴州地区和米仓道七百多年的历史变迁，是巴州乃至四川地区重要的历史文化遗产。

第三节
既往调查研究情况

宋元以来，历代文献对平梁城之记载颇多，其中不乏实地考证者（见附录）。这些记载虽大多相继传抄，且并非现代学术意义上的调查研究，但保留了众多有价值的历史信息，可为当今调查研究提供重要线索和参考借鉴。20世纪80年代以来，学术界对巴蜀地区宋元山城寨堡的研究成果不断增多，时有专题论著问世，其中不少研究成果也涉及平梁城遗址。1991年，巴中县文教局编《巴中县文化志》一书，书中的"文物名胜"部分简要介绍了平梁城遗址的兴修和使用历史，但未涉及遗存。[①]彭从凯先生是目前所见较早专题探讨平梁城遗址的学者，其《平梁城与元蒙寇蜀》《巴州平梁城史实简述》二文对平梁

---

① 巴中县文教局编：《巴中县文化志》，内部资料，1992年编印，第477、478页。

城修筑的历史背景进行了梳理，对平梁城的修筑时间、修筑条件及其在宋蒙战争、清代白莲教起义中的地位与作用等问题进行了有益探讨，具有一定的参考价值，但较少涉及平梁城现存遗迹情况。[①]马幸辛先生《宋元战争中川东北山城遗址考》一文对平梁城修建的历史背景及现状等信息进行了简略介绍，遗憾的是此文关于平梁城的部分篇幅简短，且偏重史事梳理，同样较少关注现存遗迹的具体情况。[②]龙鹰、王积厚二先生合著《南宋抗元遗址淳祐故城》[③]及刘敏《四川山寨刍窥》[④]两篇文章，亦对平梁城进行过简略介绍，但没有展开论述。蔡东洲《南宋与蒙元战争中的洋州》一文中，对巴州迁治平梁城及蒙军攻占平梁城的历史进行了梳理，提出平梁城是在南宋景定三年（1262年）被蒙军攻占，蒙军占领平梁城后，巴州治所再次迁徙至通江得汉城内。[⑤]此文是目前仅见明确提出平梁城陷落时间的文章，具有较为重要的参考价值。但此文论述之重点在洋州治所的迁移，并非专题讨论平梁城，且文中也未对平梁城历史遗迹进行分析。蒋晓春、蔡东洲、罗洪彬等著《南宋末川渝陕军事设施的调查研究》一书简要介绍了平梁城遗址的城墙、城门、墩台等信息，关注了城墙的砌筑方式，但并未展开详细论述。[⑥]罗洪彬、李修正《四川巴州平梁城城防设施调查简报》一文对平梁城现存的城墙、城门、炮台、墩台等城防设施的保存情况进行了详细介绍，同时结合文献及考古学方法对平梁城现存遗迹进行了分期断代，总结了平梁城城防系统的构筑特点等问题，是目前关于平梁城城防设施最为全面的研究文章。[⑦]但此文重点关注军事城防类遗迹，对平梁城内现存的

① 此二文似未在学术期刊发表，笔者于"分享巴中"网页得阅全文，网址：https://www.sharexbar.com/post/2305，https://www.sharexbar.com/post/3678，访问日期：2024年4月1日。

② 马幸辛：《宋元战争中川东北山城遗址考》，《四川文物》1998年第3期。此文原刊标题为《宋元战争中川东北山城遣址考》，"遣址"一词当为"遗址"之误，今改。

③ 龙鹰、王积厚：《南宋抗元遗址淳祐故城》，《四川文物》2003年第2期。

④ 刘敏：《四川山寨刍窥》，《四川文物》1992年第1期。

⑤ 蔡东洲：《南宋与蒙元战争中的洋州》，《陕西理工大学学报》（社会科学版）2016年第3期。

⑥ 蒋晓春、蔡东洲、罗洪彬等：《南宋末川渝陕军事设施的调查研究》，重庆：重庆出版社，2020年，第70—73页。

⑦ 罗洪彬、李修正：《四川巴州平梁城城防设施调查简报》，《西华师范大学学报》（哲学社会科学版）2021年第2期。

大量其他文化遗存关注较少。该文考古调查部分，后被收入蒋晓春、蔡东洲、符永利、罗洪彬合著《巴蜀地区宋蒙山城遗址考古调查与研究》一书中[①]。符永利、何家林《北定梁州图兴复，雄踞米仓护万民——四川巴州平梁城》一文，从公众考古的视角详细介绍了平梁城遗址的修筑及利用历史、现存遗迹以及特点等问题。[②]

除上述文章外，高新雨《嘉庆巴蜀寨堡研究》[③]、赵尔阳《宋蒙（元）战争时期四川军事地理初步研究》[④]、周思言《南宋四川抗蒙山城体系初探》[⑤]、高晓阳《清代嘉陵江流域历史军事地理初步研究》[⑥]、罗权《城市与乡村之间——清中期四川治城堡寨探析》[⑦]等文章及李天鸣《宋元战史》[⑧]、陈世松《蒙古定蜀史稿》[⑨]等专著也偶有提及平梁城遗址，但皆着墨不多。除此之外，部分新闻报道、网络文章等对平梁城遗址亦多有介绍，但其介绍或缺乏史料佐证，或只限于宋蒙战争时期，对于平梁城在明清时期的增修及再利用情况等也鲜有论及，更未对平梁城遗址现存遗迹进行全面调查和科学断代，故不赘述。

综合来看，近年来学术界对巴蜀地区宋元以来的山城寨堡给予了越来越多的关注，也有相当数量的研究成果问世，平梁城遗址也开始受到社会各界的广泛关注，产生了一些专题调查研究成果，为我们了解和研究平梁城提供了诸多有益参考。但是，目前尚无针对平梁城遗址的全面考古调查报告问世，遗址内现存多少遗迹遗物，有哪些类别，其保存情况如何，有何重要价值等尚未为

①　蒋晓春、蔡东洲、符永利等：《巴蜀地区宋蒙山城遗址考古调查与研究》，北京：学苑出版社，2024年，第133—150页。

②　符永利、何家林：《北定梁州图兴复，雄踞米仓护万民——四川巴州平梁城》，《大众考古》2023年第6期。

③　高新雨：《嘉庆巴蜀寨堡研究》，西华师范大学硕士学位论文，2016年。

④　赵尔阳：《宋蒙（元）战争时期四川军事地理初步研究》，西南大学硕士学位论文，2014年。

⑤　周思言：《南宋四川抗蒙山城体系初探》，《遗产与保护研究》2017年第5期。

⑥　高晓阳：《清代嘉陵江流域历史军事地理初步研究》，西南大学硕士学位论文，2013年。

⑦　罗权：《城市与乡村之间——清中期四川治城堡寨探析》，《乐山师范学院学报》2021年第1期。

⑧　李天鸣：《宋元战史》，台北：食货出版社，1988年。

⑨　陈世松：《蒙古定蜀史稿》，成都：四川社会科学院出版社，1985年。

人所知。对宋蒙战争之后平梁城的增修和再利用情况、平梁城在宋蒙米仓道之
争以及川渝山城体系中的作用和地位等问题亦缺乏探讨。相较于巴蜀地区同类
型、同级别的山城遗址，平梁城遗址的调查研究工作还存在相当程度的滞后，
这与平梁城在宋元以来的历史作用和影响力极不相称。

2013年初，西华师范大学四川古城堡文化研究中心刚刚成立，即组织历
史、考古学者前往平梁城遗址开展调查。2016年4月，西华师范大学历史文化
学院、四川古城堡文化研究中心研究人员符永利、罗洪彬、林邱会同巴中市巴
州区文物保护研究中心林金勇、何汇、孙祺等组成联合调查组，对平梁城遗址
进行了为期3天的全面考古调查，发现数千米宋代城墙及碑刻、墓葬、寺观、造
像等大量遗迹遗物，极大丰富了我们对平梁城遗址的认识。2020年1月13至14
日，笔者所在的西华师范大学考古团队再度前往平梁城遗址开展补充调查，并
将城南平梁洞造像及碑刻纳入调查对象之中，进一步丰富了平梁城遗址的历史
文化内涵，相关成果反映在《南宋末川渝陕军事设施的调查研究》《四川巴州
平梁城城防设施调查简报》《北定梁州图兴复，雄踞米仓护万民——四川巴州平
梁城》《巴蜀地区宋蒙山城遗址考古调查与研究》等论著中。2024年3月19至21
日，笔者再次对平梁城遗址的现存遗迹进行全面复查，进一步掌握了平梁城遗址
各类遗迹的保存状况。现将近年来笔者同西华师范大学考古团队诸同仁对平梁城
遗址的调查及初步研究情况介绍于后，以祈方家指正。前述诸论著数据与本书相
抵牾者，以本书为准。

第二章

平梁城史事

第一节
宋蒙战争时期平梁城的初创

巴蜀地区宋蒙山城遗址的修筑是宋蒙战争时期南宋丧失蜀道掌控权之后，蜀口防线被迫南迁的结果，而巴州平梁城的修筑和利用，则与宋蒙双方对米仓道的争夺密切相关。

一、宋蒙蜀口之战与宋军防线南撤

两宋时期，川陕地区以其独特的地理形势和战略位置，成为宋廷直面西、北少数民族政权的前沿阵地，在与辽、金、西夏和蒙古的长期对峙中，川陕之得失攸关宋廷国祚。为了稳固西北边境，北宋在川陕一线布置了重兵，并修筑了大量关隘、寨堡，以抵御西夏和金等少数民族政权的进扰。由于当时川陕十路均在北宋控制之下，故北宋时期川陕防线大多布置在秦岭以北的关中以及秦岭北弧的蜀口一带。南宋建立后，在中原为金人所据的情况下，川陕地区的战略地位更加突出，直接关系南宋政权的安危。金朝在进攻江南屡屡受挫之后，亦逐渐调整战略目标，调集重兵沿秦岭及蜀道沿线大举进攻川陕，企图先占川陕，而后顺江东下，迂回灭宋。建炎四年（1130年）九月，宋金富平大战中，宋军惨败，关陕为金所据。绍兴和议之后，"中原、陕右尽入于金，东画长淮，西割商秦之半，以散关为界"[1]，秦岭蜀口一带直接成为宋金对峙的前沿。之后，金军仍时刻寻机南下进攻川陕。为了防备金军，南宋加强了对蜀道

---

① （元）脱脱等：《宋史》卷八十五《地理一》，北京：中华书局，1977年，第2096页。

的控制，在秦岭蜀道沿线设置了"三关五州"①，又在蜀口一带布置了兴州都统司、兴元都统司、金州都统司三支御前诸军。"吴曦之乱"后，又分兴州都统司兵力设沔州都统司和利州副都统司，合为四大戎司，归四川制置司统属。至宋理宗宝庆年间（1225—1227年），蜀口仍有正规作战部队六万九千人左右。②三关五州的建立和四大戎司的设置在宋金战争之初确实有效保障了蜀地安危。

宋蒙对抗初期，南宋仍然沿用"三关五州"和四大戎司作为防备蒙古军南下四川的前沿防线。时人对三关五州的重要性有着清醒的认识，如守卫沔州的高稼就认为"蜀以三关为门户，五州为藩篱"③。朝中大臣李鸣复也认为"蜀之形势，以三关为最险""蜀之有关外四州，犹朝廷之有四蜀"④。然而经历了开禧二年（1206年）的"吴曦之乱"和嘉定年间的第四次宋金战争后，此时南宋蜀口兵马大为损耗，三关五州军事防御设施亦损毁殆尽，蜀口防线残破，元气未复，根本无力抵御蒙古大军。

蒙古对南宋川陕地区的侵扰早在蒙金战争时期就已开始。宋宁宗嘉定十五年（1222年）冬十月蒙金凤翔之战时，蒙古大将木华黎就曾"遣蒙古不花南越牛岭关，徇宋凤州而还"⑤。宋理宗宝庆三年（1227年）十二月，蒙古骑兵再次突袭蜀口，"破关外诸隘"⑥。此战中，蒙古军攻破了阶州，围攻西和，宋军派兵解围，却在兰皋之战中大败于蒙军，南宋西北良将"麻仲、马翼、王平

---

① "三关"有内外之分，外三关指南宋在秦岭北弧入蜀要道沿线所设之皂郊堡（今甘肃天水西南30里）、黄牛堡（今陕西凤县东北约150里）、大散关（今陕西宝鸡西南约50里），此为蜀口外围防线；内三关指秦岭腹地，汉中平原以北褒斜道、仙人关道要隘之处所设之武休关（今陕西留坝县武关驿附近）、仙人关（今甘肃徽县虞关镇西南15里）、七方关（今甘肃康县云台村东6里），此为蜀口第三层防线。内、外三关之间，另设有阶州（今甘肃武都区东南80里）、成州（今甘肃成县）、西和州（今甘肃西和县）、凤州（今陕西凤县）及天水军（今甘肃天水市西南70里），此即"五州"，为蜀口第二层防线。

② （宋）吴泳：《鹤林集》卷二十九《与李悦斋书》，文渊阁四库全书补配文津阁四库全书本。

③ （元）脱脱等：《宋史》卷四百四十九《高稼传》，北京：中华书局，1977年，第13230页。

④ （宋）李鸣复：《论措置蜀事疏》，（明）黄淮、杨士奇：《历代名臣奏议》卷九十九《经国》，文渊阁四库全书本。

⑤ （明）宋濂等：《元史》卷一百一十九《木华黎传》，北京：中华书局，1976年，第2935页。

⑥ （元）脱脱等：《宋史》卷四十一《理宗一》，北京：中华书局，1977年，第790页。

俱死王事"①。事后，南宋四川制置使郑损轻率地作出了放弃关外五州、"画守内郡"②的错误决策，使南宋经营百年的蜀口防线直接暴露于蒙古铁骑的兵锋之下，关外五州一片混乱，史称"丁亥之变"。绍定元年（1228年），宋廷任命桂如渊任四川制置使，在沔州通判兼制置司幕僚高稼的建议之下，桂如渊收复了关外五州，并"创山寨八十有四，且募义兵五千人，与民约曰：'敌至则官军守原堡，民丁保山寨，义兵为游击，庶其前靡所掠，后弗容久'"③，实行坚壁清野之策。时任利州路安抚使知兴元府的郭正孙还建议桂如渊修复外三关，以作为五州之屏蔽，但未被采纳④。绍定四年（1231年），蒙古强行"假道伐金"，时任四川制置使的桂如渊为避免蜀口宋军与蒙古军冲突，再一次放弃了关外五州，急命蜀边宋军，包括驻守天水军的曹友闻所部以及驻守西和的何进所部，全部退守内三关，将关外五州拱手让与蒙古。关于此次事件，《金史·完颜讹可传》载：

> 大兵谋取宋武休关。未几，凤翔破，睿宗分骑兵三万入散关，攻破凤州，经过华阳，屠洋州，攻武休关。开生山，截焦崖，出武休东南，遂围兴元。兴元军民散走，死于沙窝者数十万。分军而西，西军由别路入沔州，取大安军路开龟鳖山，撤屋为筏，渡嘉陵江入关堡，并江趋葭萌，略地至西水县而还。东军止屯兴元、洋州之间，遂趋饶峰。宋人弃关不守，大兵乃得入。⑤

此事之后，南宋三关五州尽皆残破，宋军溃散，连蜀边最高军政长官桂如

---

① （宋）李曾伯：《可斋杂稿》卷二十五《丁亥纪蜀百韵》，清钞本。

② （宋）魏了翁：《鹤山集》卷七十六《朝请大夫利州路提点刑狱主管冲佑观虞公墓志铭》，文渊阁四库全书本。

③ （元）脱脱等：《宋史》卷四百四十九《高稼传》，北京：中华书局，1977年，第13231页。

④ （宋）魏了翁：《鹤山先生大全文集》卷八十二《故太府寺丞兼知兴元府利州路安抚郭公墓志铭》，文渊阁四库全书本。

⑤ （元）脱脱等：《金史》卷一百一十一《完颜讹可传》，北京：中华书局，1975年，第2445—2446页。

渊都南逃顺庆，蒙古军"长驱深入，若践无人之境"[①]，"纵骑焚掠，出没自如"[②]，史称"辛卯之变"。

宋理宗端平二年（1235年），蒙古大汗窝阔台兵分三路大举攻宋，其中窝阔台次子阔端率领西路军主攻四川地区，三大战区开辟，宋蒙战争全面爆发。阔端率蒙古精锐经秦（今甘肃天水）、巩（今甘肃陇西）南下，招降了驻守巩昌的金朝大将汪世显家族，并攻破了凤州、沔州、阶州等地。端平三年（1236年），蒙古大军再度南下，连破天水、同庆、西和、文州、兴元及武休关，并先后击溃南宋布置在蜀口的四支都统司大军，连蜀口战斗力最强的曹友闻、曹万所部也在阳平关、鸡冠隘大战中全军覆没。嘉熙元年（1237年）之后，蒙古军队连番进攻四川，势如破竹，如入无人之境。洪雅苟王寨内有一则嘉熙二年（1238年）的题记，就记载了当时的状况："西蜀不幸，连年被鞑贼所扰，时戊戌嘉熙二年，崖匠吕桂等修。"[③]淳祐元年（1241年）秋，连成都都被蒙古军攻破，作为四川最高军政长官的制置使陈隆之及一家百口都被杀害，可见当时四川战局之惨烈。

"丁亥之变"和"辛卯之变"后，蜀地门户洞开，再无力阻挡蒙古骑兵之奔袭。特别是在绍定四年（1231年）蒙古军攻破兴元（今汉中）之后，南宋完全丧失了对蜀道北段的控制权，不得不将防御重点由蜀口秦岭一带南撤至巴山一带。金牛道、米仓道等蜀道南段诸要道一跃成为宋蒙争夺的焦点。

二、宋蒙米仓道之争与巴州战局

蒙古对米仓道的觊觎，在宋蒙战争全面爆发之前已现端倪。绍定四年（1231年）拖雷"假道伐金"，破凤州之后，过华阳，屠洋州，攻武休关，围

---

① （宋）吴昌裔：《拟轮对札子》，（明）黄淮、杨士奇：《历代名臣奏议》卷九十九《经国》，文渊阁四库全书本。

② （宋）魏了翁：《鹤山先生大全文集》卷八十二《故太府寺丞兼知兴元府利州路安抚郭公墓志铭》，文渊阁四库全书本。

③ 符永利、张婷：《四川洪雅县苟王寨摩崖造像内容总录》，《长江文明》第34辑，成都：四川美术出版社，2019年，第59页。

逼兴元。五月六日，蒙古军"以轻师缀武休，而自阳明、黄竹趋破兴元。梁、洋义士先已分戍诸关，城中惟忠顺军千人，制置司檄遣略尽，其将呼延械亦分戍石顶原，公誓以死守。俄而，武休之众溃，谍报鞑人谋趋米仓山"①。知兴元府郭正孙担心蒙古军由巴山深入，于是亟命呼延械率领忠顺军余部退守米仓山，扼守米仓道，在沙窝与蒙军三战皆败，"死于沙窝者数十万"②，郭正孙一门八人亦同时遇难。其后，蒙古军得以在川北地区肆意驰骋，并沿嘉陵而下，"略地至西水县（今四川南部县）而还"③。

兴元被蒙古占领后，女真人夹谷忙古带向窝阔台进言建议道：

> 兴元形势，西控巴蜀，东扼荆襄，山南之地，无要于此。诚留兵戍守，招徕未降。择便水之田，授以牛种，既省关中馈运，亦制蜀一奇也。④

窝阔台同意了此建议，授夹谷忙古带为兴元军民安抚使领屯田事，定宗贵由继位后，"置行省于兴元，以忙古带领之"⑤。上述文献表明，这一时期蒙古已逐渐改变以往以劫掠财货、破坏军事设施为主的进攻模式，转而开始有意识地占领战略要地之城池，营建基地、屯田耕种，并以此作为进攻南宋四川腹地的桥头堡。夹谷忙古带在兴元修缮城池，屯田固守，把控了金牛道、米仓道北上的关键节点，使南宋如鲠在喉，致使后来"宋阆州守将马仲、巴州守将张文贵等皆来降"⑥。而巴州、阆州与兴元之间正是通过米仓道连接的，由此可见，夹谷忙古带治兴元对南宋米仓道及沿线诸州都产生了巨大的影响。

蒙古掌控兴元之后，骑兵时常沿米仓道南下进扰四川。如嘉熙元年（1237

---

① （宋）魏了翁：《鹤山先生大全文集》卷八十二《故太府寺丞兼知兴元府利州路安抚郭公墓志铭》，文渊阁四库全书本。
② （元）脱脱等：《金史》卷一百一十一《完颜讹可传》，北京：中华书局，1975年，第2446页。
③ （元）脱脱等：《金史》卷一百一十一《完颜讹可传》，北京：中华书局，1975年，第2446页。
④ 柯劭忞：《新元史》卷一百四十六《常哥子忙古带》，北京：中国书店，1988年，第619页。
⑤ 柯劭忞：《新元史》卷一百四十六《常哥子忙古带》，北京：中国书店，1988年，第619页。
⑥ 柯劭忞：《新元史》卷一百四十六《常哥子忙古带》，北京：中国书店，1988年，第619页。

年），蒙古大将塔海绀卜率蒙古军出凤州，攻取南宋在陕南的孤立据点金州后，沿大巴山小道南下，谋窥川东开、达二州，进逼瞿塘[1]。嘉熙三年（1239年）秋，蒙古大将塔海与秃雪率军进攻川东地区，号称八十万，连破开州、万州、夔州等地，亦不排除其由米仓道进军的可能。

尽管上述文献并未言明当时巴州之战局如何，但蒙古军沿米仓道翻越米仓山后，首当其冲者即巴州，这一点在文献中有所反映，如《宋史》卷四十二《理宗二》中记载，淳祐三年（1243年）闰八月，"四川总领余玠言，知巴州向佺、钤辖谭渊、白土坪等战有功。诏佺等十八人各官三转，余转官有差，其中创人各给缗钱百，阵没者趣上姓名，赠恤其家"[2]。淳祐四年（1244年），蒙古军自汉中分兵两路进攻川北。东路军越大巴山南下，西路军经利州、阆州而来，中途遭遇宋军伏击，转攻大巴山，与东路军会合。次年（1245年），攻破巴州，"权巴州何震之守城死于兵"[3]。蒙古军这两次进攻巴州，必然沿米仓道而来，第一次在白土坪遭到了巴州知州向佺等人的阻击，铩羽而归。第二次则使巴州宋军损失惨重，连巴州地方长官都战死城下，足见巴州战局之激烈。而宋军之所以在此次战斗中如此被动，很大程度上与当时巴州地区暂未纳入余玠山城体系，没有坚固的防御工事有关。

三、余玠反攻兴元与平梁城的修筑

宋理宗淳祐元年（1241年）之后，蒙古陷入了长达十年的汗位之争，暂时放缓了对南宋的进攻态势，仅不定期派遣小股部队南下四川侵扰，为南宋提供了宝贵的喘息之机。淳祐二年（1242年），宋廷命余玠出任四川制置使，重建蜀地防务。次年余玠到任后，充分利用蒙古内乱之有利时机，采纳播州杨文及二冉的建议，并充分汲取孟珙、彭大雅等前任制帅的成功经验，集中优势兵力，在巴蜀形胜之地，择险筑城，并移诸郡治所于其上，构筑山城体系。这些

---

① 陈世松、贾大全主编：《四川通史》卷四《五代两宋》，成都：四川人民出版社，2018年，第137页。

② （元）脱脱等：《宋史》卷四十二《理宗二》，北京：中华书局，1977年，第826页。

③ （元）脱脱等：《宋史》卷四十三《理宗三》，北京：中华书局，1977年，第832页。

山城"皆因山为垒，棋布星分"①，基本上控制了四川地区的水陆交通要隘。经过近两年的建设，至淳祐四年（1244年）五月，"利阆城大获山、蓬州城营山，渠州城大良平，嘉定城旧治，泸州城神臂山，诸城工役，次第就绪"②，山城体系基本建成。凭借这些山城，余玠与蒙古军"大小三十六战，多有劳效"③。

前文已述，汉中地区的丢失让南宋非常被动。尽管余玠凭借山城体系有效地抵御了蒙古军的小规模侵扰，但治标不治本，蒙军可以兴元为基地，随时出兵沿金牛道或米仓道南下巴蜀腹地。尤其是距离汉中平原最近的巴州地区，由于战略地位重要但守备力量薄弱，余玠入蜀后修筑的首批山城也无一座在巴州，所以经常要面临沿米仓道而来的蒙古军的侵扰。此时米仓道虽名义上仍在南宋手中，但往往成为蒙古出兵之孔道，防不胜防。若要打破这种局面，南宋必须夺回汉中地区，才能完整掌控米仓道、金牛道等军事通道。因此，在四川战局逐渐好转的情况下，余玠开始着手准备北伐兴元、收复汉中之事。

淳祐五年（1245年），余玠命都统制张实"总师城巴"，在巴州一带米仓道主线和支线关键地区修筑山城，既作为北伐兴元的后方基地，又是防备蒙古军沿米仓道南下的坚固堡垒。淳祐五年（1245年）张实首先在米仓道支线与通江河交界的巴州小宁山筑城，以为"兴汉之基"④；淳祐九年（1249），余玠又率张实赴通江得汉城山实地考察，指授规划，修筑得汉城，"为恢复旧疆之规"。同年，余玠还任命甘闰在果州嘉陵江畔筑青居城，作为后勤保障基地⑤。宋淳祐十年（1250年），余玠"率诸将巡边，直捣兴元"⑥，巡至米仓道重镇巴州近郊时，见一山高险，适于筑城，于是在次年命张实于此修筑平梁城，取"抚平梁州之义"，作为北伐兴元的前沿基地（图2-1）。

---

① （元）脱脱等：《宋史》卷四百一十六《余玠传》，北京：中华书局，1977年，第12470页。

② （元）脱脱等：《宋史》卷四十三《理宗三》，北京：中华书局，1977年，第830页。

③ （元）脱脱等：《宋史》卷四十三《理宗三》，北京：中华书局，1977年，第829页。

④ 四川省文物考古研究院、西华师范大学历史文化学院等：《四川平昌县小宁城遗址调查简报》，《四川文物》2019年第1期。

⑤ 符永利、罗洪彬、唐鹏：《四川南充青居城遗址调查与初步研究》，《西华师范大学学报》（哲学社会科学版）2015年第2期。

⑥ （元）脱脱等：《宋史》卷四百一十六《余玠传》，北京：中华书局，1977年，第12471页。

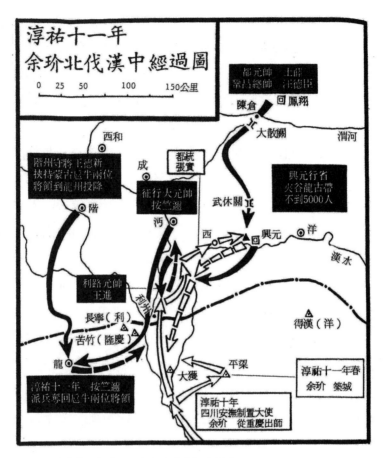

图2-1　淳祐十一年（1251年）余玠北伐示意图

[采自李天鸣：《宋元战史》（四），台北：食货出版社，1988年，附图八十]

据文献记载，张实筑城之时，于平梁城山上刻有《平梁新城题名》摩崖，以纪其事。摩崖碑文详细叙述了修筑平梁城的时间、人物及历史背景等关键信息，可惜实地调查发现此碑现已不存，原碑位置亦难以确定。所幸清代金石文献《金石苑》有载（图2-2），其文如下：

平梁新城题名

大宋淳祐十一年，都统制忠州刺史环卫张□①大使余龙学指授规划，

——————————

① 此处所缺当是"奉"或"受"字。

率诸军创平梁山城，山名取抚平梁州之义。城则坐据要地，壁立万仞，天人助顺，汉中在掌握矣。正月九日兴工，三月既望毕事，路钤张大悦、贾文英、司登、雍昌嗣、杜时顺、罗全、王安，州钤刘成，路分刘文德、张德、李成、戎进，路将梁福、刘青、陈宝、曹贵、王孝忠、张达，伏道坤、何荣、薛大信、李珍、宋明、廖友兴、孙庆、李崇，制领安邦瑞、崔世荣、郭□、张亻，拨发王成，壕寨刘储杰，皆分职任事者也。纪地名，纪岁月，庶知此城为兴复之基云。①

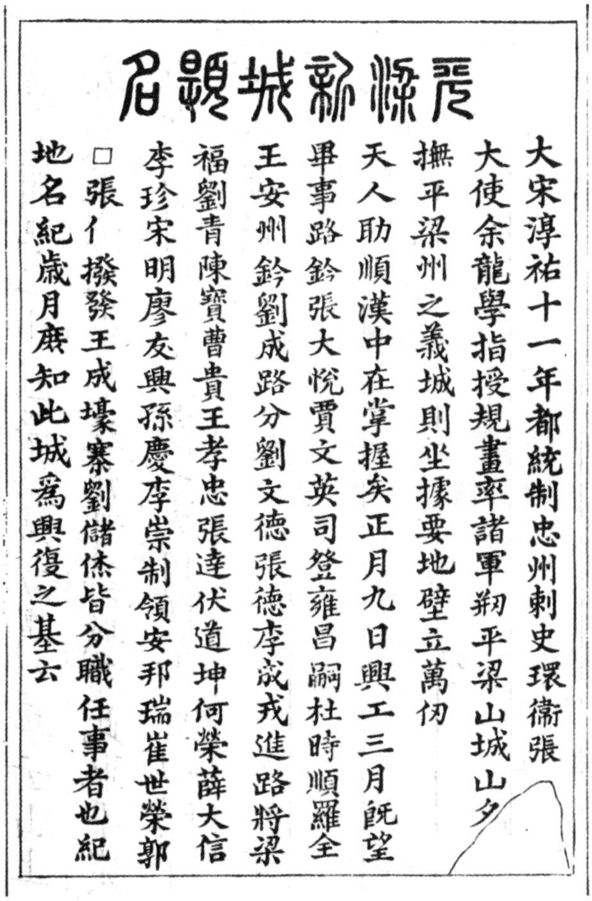
平梁新城題名

大宋淳祐十一年都統制忠州刺史環衛張
大使余龍學指授規畫率諸軍剏平梁山城山名
撫平梁州之義城則坐據要地壁立萬仞
天人助順漢中在掌握矣正月九日興工三月既望
畢事路鈐張大悅賈文英司登雍昌嗣杜時順羅全
王安州鈐劉成路分劉文德張德李成戎進路將梁
福劉青陳寶曹貴王孝忠張達伏道坤何榮薛大信
李珍宋明廖友興孫慶李崇制領安邦瑞崔世榮郭
□張亻撥發王成壕寨劉儲休皆分職任事者也紀
地名紀歲月庶知此城爲興復之基云

图2-2　清刘喜海《金石苑》中《平梁新城题名》书影

结合文献及其他碑刻考证，碑文中“都统制忠州刺史环卫张”即张实，“大使余龙学”应指时任四川制置使的余玠。从修筑时间来看，平梁城并非余玠第一批修建的山城，且据《平梁新城题名》碑文所记，修筑平梁城的初衷也并非防御，而是旨在“抚平梁州”、收复兴元。从碑文来看，平梁城的修筑自“正月九日兴工，三月既望毕事”，仅两月余便完成，效率非常高。据实地调查，平梁山顶周长近4.5公里，皆环筑城墙，局部地区甚至有

① （清）刘喜海：《金石苑》，《石刻史料新编》第一辑，第九册，台北：新文丰出版公司，1982年，第6476页。

多层城墙，且宋代城墙大部保留至今，格局清晰。其筑城效率之高、城墙之坚固、保存状况之好在巴蜀同类山城中堪称典范。究其原因，其一或与修筑时大量使用军队有关，《平梁新城题名》中明确提到都统张实、大使余龙学"率诸军创平梁山城"，可见余玠北伐兴元的诸路大军此时或已齐聚巴州，并且参与了平梁城的修建；其二，筑城者的丰富经验和高超技能是平梁城得以迅速建成的重要保障。平梁城任责之主事者张实为都统制级别的大将，又是余玠心腹，善治军旅，除平梁城外，还主持过平昌小宁城、通江得汉城的修筑工程。其后，张实还驻防过叙州马湖一带与蒙古大将兀良合台作战，又曾协同隆庆守将杨礼驻防过苦竹隘，拥有非常丰富的战斗经验和筑城经验。此外，参与平梁城修筑的张大悦，后为蓬州运山城主将，并主持过运山城的增修工程。李成、李崇、梁福等人此前曾参与修筑得汉城。刘文德、王成更是直接参与了小宁、得汉、平梁三座山城的修筑。平梁城作为较晚修建的山城，在其修筑过程中可以充分汲取早期山城修筑过程中的经验教训，从而提高修筑效率。

四、宋蒙平梁城战事

平梁城创筑完毕后，虽然确实"坐据要地，壁立万仞"，但并没有实现"天人助顺，汉中在掌握矣"的军事目的。余玠北伐汉中的军事行动最终失利，北伐诸军退守川内诸城，平梁城随即成为防御蒙古军沿米仓道南下的第一座山城。宋军依托平梁城曾多次挫败蒙古军的进攻。通过梳理文献和相关研究成果，平梁城修建以后，宋蒙双方在巴州地区的战事大致有以下六次。

第一次为宋理宗淳祐十二年（1252年）。平梁城修筑完成后，余玠随即提兵北伐，但并未由预设的米仓道进兵，而是沿金牛道直逼兴元。此战前期虽取得了一些战果，但在汪德臣、郑鼎等人的坚守下，余玠并未实现收复汉中的目标，只得退回蜀地。在余玠北伐兴元的同年，蒙哥取得汗位，结束了蒙古内乱，开始着手准备进攻四川地区。淳祐十二年（1252年），蒙哥令都元帅带答儿、汪德臣自陕西入蜀，企图袭取嘉定，同时命令汉中蒙军由米仓道南下至三会（今渠县三汇镇），再兵分三路，一路向利州，一路进向巴州、蓬州，另一路向渠州、广安，以牵制东川宋军①。而进攻巴州之蒙古军，很可能与扼守米仓道的平梁城守军对峙或交战。

第二次为宋理宗宝祐三年（1255年）。据《元史·速哥传》记载，宝祐三年（1255年），蒙哥命速哥从都元帅帖哥火鲁赤征蜀，"万户刘七哥、阿刺鲁阿力与宋兵战巴州，失利，陷敌中。速哥驰入其军，夺刘七哥等以归。以功赐白金五十两、马二匹、紫罗圈甲一注"②。《宋史·理宗本纪》中亦曰："（宝祐）三年春正月己未，迅雷。巴州捷至。"③二者所言可能是同一件事。④从上述两则文献来看，此次战事以蒙古军失利、宋军获胜告终，平梁城仍为宋军所据。

第三次为宋理宗宝祐六年（1258年）。经过余玠北伐的"兴元之役"，蒙古更加意识到控制蜀道的重要性，于是采取了一系列措施以加强汉中军事基地的建设和对蜀道的掌控。如宝祐元年（1253年），蒙哥将原利州东西路并为兴元路，加强了对汉中平原的统治，又命汪德臣修筑沔州。次年（1254年），命其弟忽必烈分管陕甘之地，增戍兴元。同年，又命汪德臣修治利州城，屯田固守，将梁、洋、利州等地连成一片，彻底断绝了宋军沿蜀道北上的希望。宝祐六年（1258年），蒙古兵分三路进攻四川，蒙哥亲率一路"由陇州入散关"，沿金牛道入蜀，顺嘉陵江南下，攻破或招降苦竹、鹅顶堡、大获、运山、大良、青居诸城，兵锋直指钓鱼城。一路由诸王莫哥率领，由"洋州入米仓关"，一路由孛里叉万户率领，"由渔关入沔州"⑤。诸王莫哥由米仓道入蜀，必经巴州，结合彼时的战争形势，很可能在平梁城与宋军交战。但从文献记载来看，诸王莫哥此次进攻并不顺利，由于米仓道"荒塞不通"，其部将李进"伐木开道七百余里"⑥才得以通过，且此战蒙古军也未能攻破平梁城。

第四次为宋理宗开庆元年（1259年）。蒙哥占领青居城后，迅速将其建设

① 李天鸣：《宋元战史》，台北：食货出版社，1988年，第600、601页。

② （明）宋濂等：《元史》卷一百三十一《速哥传》，北京：中华书局，1976年，第3181页。

③ （元）脱脱等：《宋史》卷四十四《理宗四》，北京：中华书局，1977年，第854页。

④ 李天鸣：《宋元战史》，台北：食货出版社，1988年，第659页。

⑤ （明）宋濂等：《元史》卷三《宪宗》，北京：中华书局，1976年，第51页。

⑥ （明）宋濂等：《元史》卷一百五十四《李进传》，北京：中华书局，1976年，第3638页。

成为进攻钓鱼城和重庆城的军事基地。开庆元年（1259年）春，蒙哥在青居山宴请诸王百官，商议大军北还或继续进兵。札剌亦儿部人脱欢建议蒙哥撤军北还，"所获人民，委吏治之"，而阿儿剌部人八里赤则建议继续进攻。蒙哥采纳了八里赤的建议，于是命"诸王莫哥都复攻渠州礼义山，曳剌秃鲁雄攻巴州平梁山"[①]，自己则亲率大军围攻钓鱼城。根据当时的战局来看，嘉陵江沿线诸城已尽为蒙古掌控，唯渠江上游诸城仍在宋军控制之下，可为钓鱼城提供支援。此时进攻礼义山和平梁城，其目的或在于牵制平梁城、礼义城的宋军，使其不能与钓鱼城联络，从而无法驰援钓鱼城。但此次蒙古军进攻仍未攻破平梁城，蒙哥也死于钓鱼城之战中（图2-3）。

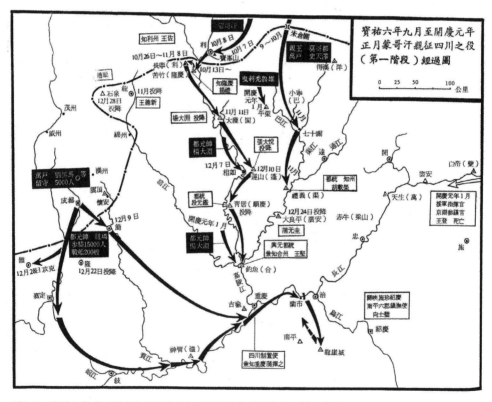

图2-3 宝祐六年（1258年）至开庆元年（1259年）蒙哥亲征四川示意图
［采自李天鸣：《宋元战史》（四），台北：食货出版社，1988年，附图一○三］

---

① （明）宋濂等：《元史》卷三《宪宗》，北京：中华书局，1976年，第53页。

第五、六次为宋理宗景定三年（1262年）。宝祐六年（1258年），驻守大获城的南宋金州都统杨大渊以城降蒙，此后便与其侄杨文安继续镇守阆州大获城，为蒙古出谋划策、招降纳叛、攻城略地，成为蒙古进攻东川之先锋。忽必烈继位后，杨大渊向其建言"取吴必先取蜀，取蜀必先据夔"[1]之策，即绕过钓鱼城和重庆城，先攻取夔州路，切断四川与宋廷之联系，而后顺江东下，一举灭宋，此策略得到忽必烈的赞赏。景定三年（1262年），忽必烈命杨大渊叔侄"出开、达，与宋兵战于平田，复战于巴渠，擒其知军范燮、统制魏兴、路分黄迪、节干陈子润等"[2]。后又遣其侄杨文安"攻宋巴渠。至万安寨，守将卢埴降"[3]。此年之后，文献中已无蒙古军攻略巴州之记载，且原知巴州向佺已移戍通江得汉城。由此观之，平梁城应于景定三年（1262年）被杨大渊叔侄攻占，成为他们掌控米仓道、实施"据夔取蜀"战略的后方基地。

第二节
元明清至民国时期平梁城的后续利用

宋蒙战争之后，平梁城并未就此退出历史舞台，而是在其后巴州地区的多起治乱事件中继续发挥重要价值，成为护佑一方的坚固堡垒。

一、元初毁城政策下的平梁城

宋蒙战争期间，平梁城扼守米仓要道，凭借对水陆交通的控制、险要的地形以及坚固的城防设施，确实起到了一定的阻敌、防敌作用，多次使沿米仓道南下攻蜀的蒙古军铩羽而归，在一定程度上牵制了蒙古兵力，缓解了钓鱼城、

---

① （明）宋濂等：《元史》卷一百六十一《杨大渊传》，北京：中华书局，1976年，第3778页。
② （明）宋濂等：《元史》卷一百六十一《杨大渊传》，北京：中华书局，1976年，第3777—3778页。
③ （明）宋濂等：《元史》卷一百六十一《杨大渊传》，北京：中华书局，1976年，第3778页。

重庆城的军事压力。宋蒙战争后期，蒙古亦逐渐认识到山城寨堡的巨大作用，从而任用杨大渊等降将修筑了大批蒙军城寨，通过"以城制城"的方法成功占领四川。元朝平定四川后，对于这些军事寨堡之存废问题，进行过慎重考虑。如元世祖至元十五年（1278年），安西王相府向忽必烈进言道："川蜀悉平，城邑山寨洞穴凡八十三，其渠州礼义城等处凡三十三所，宜以兵镇守，余悉撤毁。"①忽必烈采纳了此建言。这则文献信息较为简单，但从中可以看出，为了巩固元朝在四川的统治，元朝统治者撤毁了蜀地大部分城寨，仅留下渠县礼义城等在内的三十三座山城并派兵镇守。结合元廷此举的目的而言，这里所说的三十三所山城必是蜀地山城之大者、要者，控扼水陆交通要害之处，后勤补给方便之地，而地理位置僻远、不当要害、补给困难之地，则悉数撤毁，以免"不奉国法者"以及宋军残余聚集山城，威胁元朝在巴蜀统治的稳定。

关于山城中哪些具体项目在撤毁之列，文献中并未言明，从地面考古踏查来看，各城之情况亦不尽相同，表明元廷虽有撤毁之策，但似无明确标准。且结合文献及考古调查情况来看，撤毁也并不代表完全拆除，其目标在于消除割据之隐患，故城门、炮台、哨楼等城防系统中的关键设施当在首要撤毁之列，其余诸如城墙等大体量设施、堰塘、碑刻及部分建筑等似乎并非必撤之列。且就城门而言，亦不尽是拆毁，调查发现平昌小宁城小西门、忠县黄华城1号城门就被有意识地封堵，不排除是元初毁城行动下的结果。此外，将宋军迁入山城中的地方治所迁回旧治亦应被视作元廷撤毁山城的重要举措之一。

文献中并未说明平梁城是否在元朝撤毁之列，从其所处水陆交通位置和战略地位上看，平梁城控扼米仓要道，地近兴元，是川东北要地，战略层级较高。但从考古调查来看，平梁城宋代城门全部不存，或即拆毁于元初。当然，地面文物踏查难以确定城门毁弃年代，平梁城城门是毁于元初毁城行动还是后世兵祸还有待考古发掘验证。调查发现，平梁城虽城门不存，但宋代城墙设施受到的破坏较小，其宋代城防体量及保存完整度在四川地区首屈一指，因此可以确定的是，即便平梁城在元初毁城名单之中，但其城防设施并未受到元廷的大规模破坏，幸运且较为完整地保留了宋代山城城防的典型模板。

---

① （明）宋濂等：《元史》卷十《世祖七》，北京：中华书局，1976年，第204页。

二、明中后期对平梁城的利用

平梁城在明朝的再利用情况，史料记载比较匮乏，难以准确说明，但仍可以从某些记载中略窥一二。如明刘春《东川刘文简公集》中记载的《和林见素登平梁城》①一诗及明邵捷春作《平梁山寨歌》②，都涉及明代平梁城的线索。现将两则材料摘录如下：

《和林见素登平梁城》：

> 登临漫忆当时事，雉堞空余旧日基。国有诒谋应可立，地非设险岂容支。
> 百年烽火谁能息，千里江山独不移。抚景令人频感慨，淡烟寒雾锁榆篱。
> 跋涉何当入旧城，山围水绕有余清。露碑带藓斜依经，莹草含花远映晴。
> 是处便应为胜地，高风谁不慕完名。崔符荡灭浑闲事，前席方蓁圣主情。

《平梁山寨歌》：

> 几度平梁梁几平，平梁城旧倚山成，王瀋全活未可数，无降将军气如生，巴人纷纷避寇入峒堡，何如结橡依此以为保，崖顶三池清且列，高下宜黍亦宜稻。况今天子命六师，伏莽乘墉秋叶扫，君不见二百年前鄢蓝、廖麻子，林公慷慨荡平而再造。

通过上述两则材料我们可推知，平梁城在明朝应该有两次被利用。第一次是明正德年间。正德五年（1510年），四川保宁府发生"鄢蓝之乱"，三省大震。鄢本恕、蓝廷瑞、廖惠先后谋据汉中、保宁，袭击巴州、剑州，破通江县城，攻烧营山县治。正德七年（1512年）正月，江津曹甫亦聚众起义，攻江津县治，杀佥事吴景，窜走于川东北、川南地区，"川盗愈加横恣"③。时任

---

① （明）刘春：《东川刘文简公集》卷二十三《七言律诗》，明嘉靖三十三年刻本。

② 载民国《巴中县志》第四编《志余上·古迹》，四川省地方志编纂委员会辑：《四川历代方志集成》第二辑，第4册，北京：国家图书馆出版社，2015年，第332页。

③ （明）刘瑞：《五清集》卷十二，北京：北京出版社，1998年，第105页。

四川巡抚的林俊仿照宋蒙战争时期的做法，广建寨堡，并移诸郡治所于其内，实行坚壁清野的政策，保聚平乱。这一时期大量宋蒙战争时期遗留下来的山城被重新利用，如通江得汉城等。《和林见素登平梁城》一诗正是刘春与林俊登临平梁城所作，证明此时的平梁城很可能也再次成为巴州民众的聚保之所。此外，《平梁山寨歌》中"君不见二百年前鄢蓝、廖麻子，林公慷慨荡平而再造"一句，也证明正德年间，林俊抚平"鄢蓝之乱"时曾利用过平梁城。

第二次利用平梁城是明末崇祯年间。明朝末年，四川地区先后经历"姚黄之乱"及"张献忠之乱"。民众仍采取坚壁清野、筑寨聚保的御敌之策。《平梁山寨歌》的作者邵捷春，字肇复，明末福建侯官（今闽侯）人，万历进士。崇祯二年（1629年）出为四川右参政，分守川南。崇祯十年（1637年）起四川副使，剿张献忠。诗中"巴人纷纷避寇入硐堡，何如结橼依此以为保，崖顶三池清且冽，高下宜黍亦宜稻"等句，证明邵捷春对平梁城内可耕可战可守的形势认识颇深，因此其进剿张献忠时，平梁城很可能再次成为屯兵贮粮、军民保聚之所。

三、清中后期对平梁城的利用

清代对平梁城的增修利用大致有四次，分别与嘉庆年间的白莲教起义和咸同时期的李蓝起义有关。

清嘉庆元年（1796年），席卷五省的白莲教起义爆发，平梁城作为巴州军民保聚之地再次被增修利用。是年，达州亭子铺的白莲教教首徐天德及其叔父王学礼等人在川东北首举义旗，而后东乡县（今宣汉县）教首冷天禄、王三槐，巴州教首罗其清、苟文明、鲜大川，通江教首冉文俦、冉天元，太平县（今万源市）教首龙绍周、唐大位、冯升等相继起事。嘉庆二年（1797年），巴州方山坪附近的教军与东乡王三槐的势力联合，其势愈加壮大。"合伙分屯散处，势较鸱张。"①白莲教众围攻巴州，清政府派遣官兵进击，经过一天的战斗，教军不退，且其势愈加汹涌。道光《巴州志》载："嘉庆二年，教匪滋

---

① （清）庆桂等撰：《钦定剿平三省邪匪方略》卷五十三，清嘉庆十五年武英殿刻本。

扰，州城毁坏，官吏军民皆赖此以为固，并大军粮台亦设其上。"①在白莲教军的冲击下，巴州薄弱的防御工事毁坏殆尽，九月巴州城陷，教军据城十日，歼戮军民六百余人，时任巴州知州的常发祥遂"迁民于平梁城，结寨堵御，安设粮站，团练乡勇，剿捕贼匪，屡著勋绩"②。其后，时任川北兵备道的李鉉又调彭昭麟所部赴平梁城防守③，增强平梁城的兵力。

嘉庆三年（1798年）六月，白莲教首阮正通等由陕西攻入四川，至巴州平梁城。驻守在平梁城的川北兵备道李鉉、巴州知州常发祥督率官兵、乡勇击退了教军的进击。阮正通遂率余众逃至通江与巴州的交界处神滩溪。李鉉分饬巴州、南江、通江三州县所属各寨挑选精壮乡勇驰赴神滩溪一带并力剿办，并成功"剿灭"此股教军。六月二十三日，阮正通等再次滋扰通、巴、南江一带。李鉉率所属团勇前往堵截。知州常发祥也带领乡勇由官渡溪进袭。教军又逃窜至青峪口。在官兵与教军于青峪口激战时，一股教军从巴州西北的两河口一带焚烧、劫掠，逼近平梁城。李鉉即率领署州判费恩纶、教谕彭昭麟挑选乡勇前往元顶山堵御教军，官兵驻扎于元顶山，用炮轰击，毙教军三百余人。追击教军的常发祥得知教军复攻平梁城，遂率领把总陈安等返回巴州，与李鉉呈前后夹击之势，教军两面受敌，遂渐行败逃，平梁之危遂解。

嘉庆七年（1802年），田文煦升授为巴州知州。次年（1803年），因战乱未靖，田文煦再次加固平梁城。首先，增筑城防。田文煦在平梁城原有城防的基础上，将城垣加高加长，并修建东南西北四门，每门皆三重城门。"依此雄胜，复伐木筑城，垣高丈余，长数十里雉堞参差，四隅建门三重。"④其次，迁州署于城内严公台下。最后，重新修葺了城内古鸿禧寺以作学堂之用，建真武宫以满足士民宗教信仰的需求。"士民列屋而居，男女耕桑自养，方保无

① 道光《巴州志》卷一《地理志·山川》，四川省地方志编纂委员会辑：《四川历代方志集成》第二辑，第4册，北京：国家图书馆出版社，2015年，第38页。

② 道光《巴州志》卷五《职官志·文职》，四川省地方志编纂委员会辑：《四川历代方志集成》第二辑，第4册，北京：国家图书馆出版社，2015年，第91页。

③ 光绪《香山县志》卷二十一《艺文》，清光绪刻本。

④ 巴中县文教局编：《巴中县文化志》，内部资料，1992年编印，第478页。

虞。"①直到嘉庆十年（1805），白莲教起义被平定，巴州军民才复归旧治。

嘉庆年间常发祥、田文煦对平梁城的增修和再利用对于平定白莲教起义起到了非常重要的作用。首先，平梁城护佑了巴州军民的生命财产安全。道光《巴州志》载："李氏，张奇宇妻，年二十八，夫故无子，仅一女，伯兄三人，次三先殁。惟大兄有一子依倚，同居避乱平梁城。"②可见正是因为有平梁城的庇护，州民的生命、财产才得以保障，生活才得以安保无虞。

其次，平梁城既是避乱之所，又是屯粮之地。平梁城顶部地势平缓，知州常发祥在协州民迁居平梁城时，将粮台也迁于其上。粮食、水源皆备，为战时聚保平梁及镇抚白莲教提供了后勤保障。

最后，平梁城所发展的寨勇是抗击教军的主要力量之一。随着白莲教军的日益壮大，清军兵力逐渐捉襟见肘。恰如宜绵所言："保宁北至广元为川北咽喉，西近成绵省会重地，其附近之南部、仪陇等处本无兵力防范，现在达州一面虽系臣带兵驻扎，而兵力有限，战守均属不足。"③朝廷军队兵力不足，不得不借乡勇协护。如《清史列传》卷三十五《德楞泰传》载："（嘉庆）元年二月间，川省应募者，有三十七万之多，陕、楚两省亦复不少。川之嘉陵江，楚之郧西，并三省边界边山各属，其城卡隘台站，有兵力不敷防范者，不得不借乡勇为协护。"④而平梁城等城寨发展的团练乡勇在抵御教军方面出力甚多，以至于"贼畏乡勇更甚于官兵"⑤。如嘉庆五年（1800年）五月，教首鲜大川进袭巴州，"复扰州东"⑥，破造山、玉城、楼台等寨，围巾字寨粮站，"田文煦遣平梁城乡勇驰救之"⑦，巾字寨粮站才得以保全。对于"窜逃"至

---

① 巴中县文教局编：《巴中县文化志》，内部资料，1992年编印，第478页。
② 道光《巴州志》卷七《士女志·列女》，四川省地方志编纂委员会辑：《四川历代方志集成》第二辑，第4册，北京：国家图书馆出版社，2015年，第112页。
③ （清）庆桂等撰：《钦定剿平三省邪匪方略》卷五十三，清嘉庆十五年武英殿刻本。
④ （清）国史馆纂：《清史列传》卷三十五《德楞泰》，六经堪丛书本。
⑤ （清）石香村居士编：《戡靖教匪述编》卷六《蜀述》，清道光六年刻本。
⑥ 道光《巴州志》《职官志·文职》，四川省地方志编纂委员会辑：《四川历代方志集成》第二辑，第4册，北京：国家图书馆出版社，2015年，第91页。
⑦ 道光《巴州志》《职官志·文职》，四川省地方志编纂委员会辑：《四川历代方志集成》第二辑，第4册，北京：国家图书馆出版社，2015年，第91页。

巴州的教军，平梁城兵勇亦并立剿捕。嘉庆七年（1802年）三月，一股教军"逃窜"至南江刘坪、孙家坪一带。正在平梁城办理团练的建昌道刘清，"一闻贼匪窜近之信"[①]，随即调千总陈安，候选通判刘星蘗及办理团寨的田文烜等分带兵勇三路追剿，于青赶渡与教军激战，斩杀无数。

总之，平梁城位于川东北交通枢纽位置，军民保聚于此，无论教军袭据保宁、顺庆、达州还是北走汉中，平梁城都是其不可忽视的后顾之忧，所以在攻打川东北地区时，教军不得不多次析分兵力侵扰巴州，欲据平梁。

咸丰、同治年间，平梁城再次发挥作用。平梁城遗址南门至东门间崖壁上有一摩崖题刻，题为"浪静波平"，其残文曰：

> 同治二年二月二十四日……/平梁城，名寨也。创筑自……/□间焉。
> 咸丰初，烽烟四起，我移……/□□造枪炮旗帜，未能完缮，至同治二年……/□□处墙垣，月余告竣，磐石苞桑之固……/巴州文……

此题刻文字虽然磨灭较甚，但关键信息仍存，其中有两点非常值得注意。其一是"咸丰初，烽烟四起，我移……/□□造枪炮旗帜，未能完缮"。咸丰初年四川地区主要的动乱是李蓝之乱和太平天国运动，太平军主要在川南一带活动，故此处所指"烽烟"应指李蓝之乱。"我移"后缺文较多，推测可能是移治的意思。此句可证明在咸丰初年的李蓝之乱爆发后，巴州治可能再度迁治平梁城上，并在城上"造枪炮旗帜"，但此时并未完善。其二是至同治二年（1863年），再次对平梁城城垣进行修缮，耗时月余告竣，使平梁城恢复"磐石苞桑之固"。

四、民国时期对平梁城的利用

民国时期，川东北特别是巴州地区是红军与国民党反动军阀激烈战斗的前线阵地，平梁城也成为国共双方争夺的要塞。巴中地区至今流传着国共双方在

---

① （清）庆桂等撰：《钦定剿平三省邪匪方略》卷三百六，清嘉庆十五年武英殿刻本。

平梁城战斗之传说。1933年1月，徐向前指挥红军将士打败了国民党反动军阀田颂尧，占领了巴中城。田颂尧不甘失败，将其所部两个精锐团布置在平梁城和金锁关一带，企图阻挠红军。红军先头部队数次对金锁关发动攻击，均因地势不利而失利。其后，徐向前等红军将领亲赴前线，前往平梁山对面的望王山等地勘察敌情，最终由何姓营长乔装混入敌军团部，里应外合之下，最终攻下了金锁关和平梁城，活捉敌军上千人，缴获大批物资。①

可以说，平梁城的兴修历史，承载了川东北地区七百多年历史的兴衰变迁。七百多年来，平梁城凭借其特殊的战略地位和有利的区位条件，成为扼守米仓古道的重要军事堡垒，是米仓道上不可多得的优秀历史文化遗产。

---

① 陈正平：《川陕革命根据地的红军将帅传说——"巴渠民间文学研究"之三》，《川东学刊》1997年第3期。

第三章

平梁城遗址的
历史遗存

考古调查发现，平梁城遗址内至今保存有大量历史遗存（图3-1），包括城墙、城门、角台、马面、关隘等城防军事遗存，水井、堰塘等生产生活遗存，以及墓葬、碑刻、寺观、造像等其他相关遗存，数量众多，类别丰富，具有重要的研究价值。现分类介绍如下。

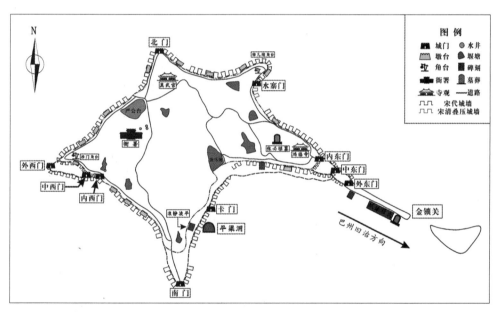

图3-1 平梁城遗址历史遗存分布示意图（罗洪彬绘）

第一节
城防军事遗存

军事防御是平梁城从始建之初即被赋予的首要功能。自南宋末年以来，平梁城始终被作为军事要塞使用。因此，遗址内城防军事类遗存数量最多。根据实地调查，平梁城现存城防军事遗存主要可分为城墙、城门、角台、马面、关隘等多种类别，其中又以长近4000米的宋代城墙最引人瞩目，其保存状况及体量在川渝地区同类山城中皆属罕见。

一、城墙

平梁城遗址四围皆绝壁，城防系统依山而建，城墙绕山一周，沿山势起伏而延伸，东、西城门附近还依据特殊地形建有内、外多层城墙，与城门合围形成复杂的防御系统。经过数百年的历史变迁，平梁城城墙屡经损坏，又经多次维修，因此保留有多个历史时期的修筑痕迹，各时期城墙保存状况不一。从调查情况看，遗址内宋代城墙保存最好，几乎绕城一周，明清时期仅在部分区域增补完善。为方便叙述，现以城门为界，将平梁城城墙分为北门至西门段、西门至南门段、南门至东门段、东门至水寨门段、水寨门至北门段，分段介绍如下。

（一）北门至西门段城墙

北门至西门之间崖壁高十数米至数十米不等，先由东北—西南走向，自北门延伸至西门角台，再折向东南，与内西门相接，总长约1100米。城墙砌筑于崖壁顶端，主要包砌于崖壁外缘，部分区域突出于城内地表之上。此段城墙残长约1000米，整体保存较好，走向明确，特征明显，保存最好的区域仍有9层城墙石，残高约3.5米。严公台西侧部分城墙因修建平梁城上山公路及山体滑坡等自然原因破坏较甚，现已不存，形成长约50米的城墙缺口。此段城墙砌筑方式以丁砌为主，城墙石形制为外大、内小，切面为方形的楔形城墙石，体量较大，外切面高、宽35—60厘米不等。砌筑时大头向外，小头向内，逐层丁砌，城墙自下而

图3-2　北门左侧上山公路内侧城墙局部（西—东）

上逐步内收，略带倾斜度。从垮塌部分城墙切面来看，城墙石外切面錾刻纹路以斜线纹或"人"字纹为主，錾刻加工较为平整、精细，其余诸面加工较为粗糙（图3-2至3-4）。

严公台西侧至西门角台之间崖壁中部段城墙保存较好，体量巨大，最高处可达3米，均为丁砌筑法，大部分砌筑规整，略带倾斜度（图3-5至图3-11）。但居中有一段长约15、高约3米的城墙却砌筑得较为杂乱，缝隙较大，且陡直不带倾斜度，部分区域有垮塌危险。此段城墙虽城墙石形制及石材加工

图3-3　严公台北侧上山公路内侧城墙局部（西北—东南）

图3-4　严公台北侧上山公路及被挖断的城墙（东北—西南）

图3-5　严公台西侧城墙局部（北—南）

图3-6　严公台西侧城墙上的树木（西南—东北）

图3-7 严公台西侧至西门角台崖壁中段城墙局部（西—东）

图3-8 严公台西侧至西门角台崖壁中段不同时期城墙相接处（西北—东南）

图3-9 西门角台东北部崖壁顶端城墙局部（西—东）

图3-10 西门角台右侧城墙及城墙底部基岩（西北—东南）

图3-11 西门角台至内西门崖壁中段城墙局部（南—北）

手法与左右宋代城墙相同，但明显砌筑时间有早晚之分，结合城墙整体风格及相接处遗迹现象判断，此段城墙应系稍晚时期利用原有城墙石补砌而成。

西门角台至内西门之间城墙保存状况整体较差，部分区域因山体滑坡等原因垮塌不存或仅存数层基石。内西门右侧直线距离约75米处，有一段高、宽约2米的城墙，为顺砌筑法，城墙石形制为长方体，体量较小，錾刻纹路为细密竖条纹，与左右丁砌城墙风格迥异，当为清代补筑（图3-12）。

内西门右侧10余米处部分城墙存在两个时期城墙叠压现象。其中底部约4层城墙石体量较大，砌筑规整，略带倾斜度，年代较早；上部城墙石体量大小不一，砌筑杂乱，不带倾斜度，明显为晚期增修补筑而成（图3-13、图3-14）。

内西门外有一片数千平方米的二层台地（图3-15），台地内倚悬崖，外临绝壁。西门角台所在山脊下端二层台地边缘，为外西门。外西门左右似各有城墙基础，右侧接于西门角台山脊，左侧沿二层台地边缘绝壁延伸，接于内西门下部崖壁之上，从而在城西形成一个类似瓮城的局部防御系统。二层台外侧边缘崖壁总

图3-12　西门角台至内西门崖壁中段顺砌、丁砌城墙相接现象（南—北）

图3-13　内西门右侧不同时期城墙叠压现象（南—北）

图3-14　内西门右侧城墙局部（南—北）

图3-15　西门区域山腰二层台（东—西）

图3-16　内西门内侧采石场遗迹（南—北）

长约150米，零星可见城墙残基，部分区域城墙石似被人为拆毁，用以修建西门附近田埂。部分城墙上部砌筑杂乱，不排除后期补筑的可能。

　　调查过程中，在西门角台左侧城墙下方、内西门内侧、内西门下方崖壁内侧等区域发现多处采石遗迹，城墙所用石材当来源于此（图3-16）。就近取材，既能方便石材运输，减少工程量，又可顺势修整崖壁，使之更为陡直，可谓一举多得。

（二）西门至南门段城墙

　　内西门至南门之间崖壁呈西北—东南走向，总长约770米，崖壁顶部边缘均垒筑城墙。除崖壁中段部分区域城墙因山体滑坡而垮塌以外，其他区域均保存较好，走向明确，不同区域保存状况略有差别。其中内西门左侧及南门附近保存较好，最高处可达5米。其余区域残存2至8层不等，残高0.5—3.8米。城墙砌筑方式与北门至西门段相同，采用楔形城墙石丁砌而成，

图3-17　内西门左侧城墙剖面漏出的楔形城墙石（东—西）

城墙略带倾斜度，外立面錾刻纹路以斜纹为主，夹杂少量"人"字纹。从部分区域城墙垮塌切面看，此段城墙所用城墙石外切面约45—47厘米见方；小头切面29—37厘米见方，城墙石通长87厘米，体量较大（图3-17、图3-20至图3-26）。

内西门东侧约10米处城墙中部现存长方形排水孔一处，贯穿城墙，高54、宽27厘米（图3-18、图3-19）。

西门内侧有较大堰塘，水量充沛，为避免流水冲刷，保证城墙稳固，需设置专门排水口。这一做法在宋元山城中极为常见，目前考

图3-18　内西门左侧城墙水口内立面（东北—西南）

图3-19　内西门左侧城墙水口外立面（西南—东北）

图3-20　内西门左侧堰塘下方城墙局部
（西南—东北）

图3-21　内西门左侧堰塘下方城墙局部（东南—西北）

图3-22 内西门左侧堰塘下方城墙垮塌与后期补筑现象（西南—东北）

图3-23 西门堰塘东南侧采石场遗迹（西—东）

图3-24 内西门至南门段城墙局部（西—东）

图3-25 内西门至南门段城墙局部（东南—西北）

图3-26 城西南山坳处城墙局部（西南—东北）

古发现平昌小宁城、合川钓鱼城、广安大良城、金堂云顶城等南宋山城的城墙之上均有排水口设施。其中钓鱼城、大良城、云顶城排水口体量巨大，除排水外还兼具人员进出之功能。

实地调查发现，内西门至南门之间崖壁虽整体陡峭险峻，但顶部起伏较大，故城墙也有所起伏。而与外西门相似，南门并未修建于山顶，而是位于平梁山城东南的二层台边缘。西门至南门段城墙沿山顶崖壁东南向延伸至山体南侧后，顺山脊而下延伸至南门，有较大程度落差。由于南门位于二层台边缘平地上，故南门左右侧附近城墙为平地起筑，内外以楔形城墙石包砌，居中以泥土、碎石等填充，城墙体量巨大，高达3—5米，厚约4米（图3-27、图3-28）。南门左侧城墙底部先在基岩上开出阶梯状基础，其上再

图3-27　南门右侧城墙局部（西南—东北）

图3-28　南门左侧城墙局部（西南—东北）

图3-29　南门左侧城墙上的"凸"字形切面城墙石（西南—东北）

图3-30　南门右侧城墙上的梯形切面城墙石（西南—东北）

图3-31 南门左右城墙石之间的白色黏合剂（西南—东北）

垒砌城墙石；个别城墙石外切面加工成梯形或"凹""凸"形，嵌合紧密（图
3-29、图3-30）；部分城墙石缝隙之间还残存有白色黏合剂，从多个层面保障
了城墙的稳固性（图3-31）。

（三）南门至东门段城墙

南门与内东门之间崖壁略有转折，总长1200余米，城墙仍保存有1000余
米。受崖壁走向及起伏影响，此段城墙分布略有起伏，但延伸线路清晰，走向
明确。城墙均为丁砌筑法，城墙石体量巨大，錾刻纹路以斜纹、"人"字纹为
主，砌筑规整，蔚为壮观。其中，南门至饮马池段城墙大致呈西南东北走向，
砌筑于城东南二层台边缘崖壁顶端，未沿山顶崖壁延伸。此段城墙局部区域因
山体滑坡、植物根劈等因素导致城墙垮塌不存，其余区域均保存较好，尤其以
南门附近、卡门至饮马池附近保存最好，最高处可达5米，规模、体量巨大（图
3-32、图3-33）。

图3-32 卡门左侧城墙局部（南—北）

图3-33 卡门至饮马池南部城墙局部（东—西）

调查过程中，在卡门左侧约五米处城墙底部发现两个方形排水口，砌筑于基岩之上，居中以高43、宽25厘米的长方形石材隔开，并排分布。两个排水口形制、大小一致，外口高43、宽32厘米，左侧水口进深3.78米，右侧水口进深4.43米，至今仍有少量浸水（图3-34、图3-35）。调查发现，平梁城东南二层台地势平缓，可供耕种，卡门附近城墙所处地势相对较低，易受水流冲浸，设置水口，有利于保障城墙稳固。值得注意的是，此段城墙缝隙之间植被茂盛，部分区域甚至长出大

图3-34 卡门左侧城墙及水口（东—西）

图3-35　卡门左侧水口细部（东—西）

图3-36　五号堰塘南侧城墙局部（北—南）

图3-37　五号堰塘至内东门段城墙局部（南—北）

树，城墙受植物根劈作用影响较大，有垮塌风险。

城东南二层台延伸至饮马池南侧后，地势变窄，而山顶崖壁愈加陡峭，故城墙延伸至此后折向山顶，复沿山顶崖壁东南向延伸至东门附近。此段城墙保存状况不一，饮马池及五号堰塘附近保存较差，部分区域仅剩一层城墙石（图3-36），东门附近保存较好（图3-37）。

东门区域因地形变化，城墙分布亦有新的特点。城墙自饮马池东侧山顶延伸至内东门附近后，分为两线，一线向北延伸，与内东门相接；一线继续沿东南方向山脊延伸，与中东门相连，而后折向西北，使内东门与中东门之间形成了类似西门区域的瓮城结构防御系统。此外，调查中在中东门至外东门之间发现零星城墙，砌筑较为杂乱，砌筑方式与山城城墙区别明显，推测或为明清时期修筑（图3-38至图3-40）。

图3-38 内东门右侧城
墙局部（东—西）

图3-39 内东门右侧不
同时期砌筑城墙相接现
象（东—西）

图3-40 内东门右侧
不同时期城墙叠压现象
（东—西）

（四）东门至水寨门段城墙

东门至水寨门段崖壁大致呈东南—西北走向，长度约600米，城墙延伸清楚，走向清晰。各区域因自然或人为原因保存不一，城东山脊靠近巴州旧治方向，且地势特殊，故防御系统相对复杂。调查发现，平梁城东城门分内、中、外三处，均有城墙连接，形成类似瓮城的复杂城防系统。位于山顶区域的内东门、中东门及水寨门附近城墙保存较好。水寨门东南侧树林内局部区域保存相对较差。

内东门左右城墙残长50余米，残高2—3米，城墙下部为楔形城墙石丁砌而成，略带弧度，城墙石体量较大，砌筑规整；城墙上部部分城墙石为长方形，錾痕为细密竖条纹，应为后期增筑。局部区域城墙明显为后期补砌而成，石材规格、加工及砌筑方式等与左右城墙有明显区别。中东门左右城墙残长100余米，残高约1.5—2.5米，与内东门左右城墙合围。此段城墙砌筑方式与西门角台顶部城墙类似，垒砌于崖壁边缘，但高出城内地表约1—1.5米，城墙厚

图3-41　中东门右侧城墙局部（东—西）

图3-42　中东门左侧双面包砌城墙局部（西南—东北）

约1.5—1.8米，外侧以楔形城墙石丁砌而成，砌筑规整；内侧砌筑较为随意，中间以碎石及泥土填充，是否夯筑暂未确定（图3-41至3-43）。

水寨门附近城墙残高约2.5—3.75米，主要采用楔形城墙石丁砌筑成，城墙略带倾斜度。城门右侧部分城墙砌筑较为杂乱，石材体量不一，推测或于20世纪50年代修建水寨门堰塘时有所改动。水寨门外侧崖壁下方可见采石痕迹，推测附近城墙所用石材当出于此（图3-44、图3-45）。

图3-43　中东门左侧城墙顶部（东南—西北）

图3-44 东门至水寨门段城墙局部（东北—西南）

图3-45 水寨门右侧城墙局部（东—西）

（五）水寨门至北门段城墙

水寨门与北门之间崖壁蜿蜒曲折，自水寨门东北行约100米过猫儿墩角台后，折向西南，至城北崖壁中段又向西北延伸至北门附近，崖壁总长660余米，城墙基本保存，走向清晰。此段城墙除北门及真武宫东北侧有零星垮塌外，余皆保存较好，其中又以水寨门至猫儿墩角台附近保存最好（图3-46）。

图3-46 水寨门至猫儿墩角台段城墙局部（东南—西北）

图3-48 真武官东北侧城墙局部（东北—西南）　　　　图3-47 猫儿墩敌台至北门段城墙顶部（西—东）

　　猫儿墩角台附近城墙残高1—3米不等，皆为丁砌筑法，城墙石形制为楔形，体量较大，外切面多见斜纹或少量"人字纹"錾刻纹路。猫儿墩至真武官东北侧崖壁段城墙，砌筑方式与西门角台和中东门左侧城墙类似，外侧垒砌于崖壁之上，砌筑规整；内侧高出城内地表1.2—1.8米不等，砌筑较为随意，城墙厚度1.5—2米，中间以碎石及泥土填充，宋代特征明显（图3-47、图3-48）。

二、城门

平梁城平面大致呈五角星形，山顶四周地势奇险，唯东、南、西、北四条外伸山脊有小路可通山下（图3-49）。道光《巴州志》描述平梁山地形曰："山形高大而上平阔，周数十里，俱悬崖绝壁，莫可扳（攀）援，惟四隅有小径可通上下，亦崎岖逼仄，不可驰骋。"[①]这些小径既是军民进出山城的重要通道，也是防御敌人进攻山城的关键节点，所以成为修筑城门的首选之地。文献中关于平梁城城门亦有零星记载，如道光《巴州志》引《志稿》曰："（平梁城）张实筑，城高一丈，周数十里，四隅有门，门皆三重。"[②]民国《巴中

图3-49 道光《巴州志》中的《平梁城图》
（采自道光《巴州志》卷首《图》，清道光十三年刻本）

---

① 道光《巴州志》卷一《地理志·山川》，四川省地方志编纂委员会辑：《四川历代方志集成》第二辑，第4册，北京：国家图书馆出版社，2015年，第38页。
② 道光《巴州志》卷三《建置志下·古迹》，四川省地方志编纂委员会辑：《四川历代方志集成》第二辑，第4册，北京：国家图书馆出版社，2015年，第70页。

县志》亦载："城分四门，今仍其旧。"[①]遗憾的是，这些城门建筑现均毁去不存，仅能根据地面遗迹及城墙走向确定大体位置。据实地调查，平梁城可确定的城门遗迹共6处，分别位于平梁城东、南、西、北四处山脊，以及城东南二层台和城东北地势较低处。其中东、西二门均设有重门，其余城门暂未发现重门设施，现分别介绍如下。

（一）北门

北门位于平梁山北部山脊顶部，南距真武宫120余米，下视平梁镇，经纬度坐标为北纬31°52′40.46″、东经106°42′02.38″，海拔779米（图3-50）。现城门建筑已毁，左右城墙尚存，有石阶小道可通山下平梁镇，为1984年平梁区委区公所、平梁乡党委政府主持修建，宽约1.12米。根据北门附近城墙分布及走势等分析，北门应为单独城门，并无类似东、西二门的重门结构。现北门内有20世纪80年代所立四方碑一座，刻有《平梁城志》，详述平梁

图3-50　北门遗迹（西北—东南）

① 民国《巴中县志》第四编《志余上·古迹》，四川省地方志编纂委员会辑：《四川历代方志集成》第二辑，第4册，北京：国家图书馆出版社，2015年，第332页。

图3-51　北门内1985年立四方碑（西南—东北）

城历史，并提到平梁城上有"五门九寨"，"五门"即东、南、西、北四门及东、南二门之间的小东门，考古调查均已大致确定其位置（图3-51）。"九寨"指城内九处突出的制高点，因年岁久远，地面遗迹难寻，暂未确定，有待今后考古勘探确认。北门80年代修建的入城石阶小道，因修建入城公路已被局部挖断。

（二）西门

西门位于城西南地势稍低处，未设于城西山脊之上。城门分内、中、外三重，城门建筑皆已不存。

图3-52　内西门遗迹（南—北，2016年4月17日拍摄）

图3-53　内西门遗迹（西南—东北，2024年3月20日拍摄）

图3-54　内西门右侧门道（东—西）

其中内西门位于城西南山顶崖壁缺口处，经纬度坐标为北纬31°52′19.54″、东经106°41′49.74″，海拔750米。现城门已毁，门道残宽3米、进深4.5米。近年因修建城门左下侧高架电塔，内西门附近地势改变较大，原貌不存。城门左右城墙保存基本较好（图3-52至图3-54）。内西门北侧有较大规模采石场，

图3-55 中西门遗迹（西—东，2016年4月17日拍摄）

图3-56 中西门附近古道（西—东，2016年4月17日拍摄）

图3-57 中西门遗迹（东—西，2024年3月20日拍摄）

推测内西门及附近城墙所用石材当开采于此。

中西门位于内西门西侧约60米处，经纬度坐标为北纬31°52′20.36″、东经106°41′47.27″，海拔732米，门道残宽1.65米。城门右靠崖壁，左临高坎，在天然崖壁上开凿石阶步道，与内西门相连接。参考周围地势来看，中西门位于城西二层台进入内西门的必经之路上，类似闸口，实为内西门外一道重要关口。但城门周围未见明显的宋代遗迹，故不排除为后世利用时所增修。城门右侧崖壁上有一圆拱形空龛，宽28、高35、深25厘米，龛左似有题刻，文字残泐，无法识读。空龛上部有现代土地神龛一所。现因修建高架铁塔，中西门地势因扩路而改变，原貌不存（图3-55至图3-57）。

外西门位于西角台山脊下端，城西二层台边缘处，西南与枣儿塘遥相对望，经纬度坐标为北纬31°52′12.37″、东经

图3-58 外西门遗迹（西南—东北）

106°41′55.54″，海拔713米（图3-58）。城门门道残宽2.2、进深3米，左右以城墙与山顶崖壁相连，将平梁城西侧山腰二层台围入城内，与内西门、中西门及西门角台、城墙等有机配合，共同构成了平梁城西部的城防系统。

（三）南门

南门位于平梁城南侧山脊中段，城东南山腰二层台边缘。城门经纬度坐标为北纬31°52′02.70″、东经106°42′06.93″，海拔710米（图3-59至图3-62）。城门建筑已毁，门道及左右城墙尚存。门道残宽约4.3、进深约3.8米，左右城墙保存较

图3-59 南门遗迹（西—东）

图3-60　南门遗迹
（东—西）

图3-61　南门门道左壁
（北—南）

图3-62　南门门道右壁
（南—北）

好，最高处高约5米，砌筑规整，城墙石之间可见白色黏合剂。南门控扼平梁城南侧山脊中部，与西华山相望，是平梁山南侧出入平梁城的必经之路。

（四）东门

东门分内、中、外三重，位于平梁城东侧山脊之上，下视巴州旧治，城门皆毁。内东门经纬度坐标为北纬31°52′22.24″、东经106°42′35.18″，海拔740米，门道残宽约2.5米（图3-63）。

图3-63　内东门遗迹（东—西）

中东门位于内东门下方，山顶崖壁边缘，经纬度坐标为北纬31°52′21.22″、东经106°42′36.06″，海拔730米。门道残宽约3.6、残高2、进深2.5米（图3-64、图3-65）。左右崖壁环筑城墙，与内东门左右城墙相连，形成瓮城结构。

图3-64　中东门遗迹（东南—西北）

图3-65　中东门遗迹（西北—东南）

外东门位于城东山脊中段，山腰二层台边缘，下临金锁关，经纬度坐标为北纬31°52′17.82″、东经106°42′42.47″，海拔685米。于天然崖壁上开凿石阶步道，宽约2米（图3-66）。

图3-66　外东门遗迹及石阶步道（东南—西北）

　　三重城门与城墙、崖壁及金锁关等城防要素有机结合，梯级布防，共同构成了平梁城东部复杂的城防系统，控制着联络巴州旧治最近的通道，是平梁城防御系统中的重点区域。

（五）水寨门

　　水寨门位于城东北山坳处，东门与猫儿墩角台之间，北距猫儿墩角台约120米，经纬度坐标为北纬31°52′34.92″、东经106°42′20.02″，海拔752米。城门已毁，门道残宽2.4、残高1.5、进深4.7米。外有小径可通山下，左右城

图3-67　水寨门遗迹（东南—西北）

图3-68　水寨门遗迹（西北—东南）

图3-69　水寨门门道右壁（东北—西南）

墙保存较好（图3-67至图3-69）。

（六）卡门

卡门位于平梁城东南部山腰二层台边缘，南门至饮马池崖壁中段城墙之上，经纬度坐标为北纬31°52′7.58″、东经106°42′10.13″，海拔694米。

此门砌筑方式与其余城门不同，在城墙上斜开一类似登城步道的小径，并在城墙底部设置卡口，有门闩孔洞。此门规模较小，仅可供一人通行，结合左右城墙及周围地势看，此处很可能是充当临时出入口的卡门。此门位于南门与东门之间，与平梁城北门内1984年所立四方碑中记载的小东门方位基本一致，不排除为同一设施（图3-70、图3-71）。

图3-70 卡门遗迹全貌（东南—西北）

三、角台

除城墙、城门外，遗址内还发现了两处疑似角台的城防设施，作为城墙、城门及悬崖绝壁的补充，是平梁城防御系统的重要组成部分。[1]前文已述，平梁城五道山脊外凸，成为出入城的主要通道。其中北、东、南三处山脊皆有城门控守，而

图3-71 卡门遗迹门闩孔（东北—西南）

① 笔者早前发表的《四川巴州平梁城城防设施调查简报》中，将此类设施定名为炮台。后经过多次补充调查及参考相关文献和考古资料，将其定名为角台似更为妥帖，今改。参见罗洪彬、李修正：《四川巴州平梁城城防设施调查简报》，《西华师范大学学报》（哲学社会科学版）2021年第2期。

西侧山脊与猫儿墩山脊并无城门直接控守，且据周围地势来看，此二处山脊地势高耸，视野极佳，虽非修筑城门的首选之地，但非常适合修筑角台等辅助设施。实地调查中，平梁城西侧山脊及猫儿墩山脊顶部确实发现了大体量的疑似角台设施。

当然，地面踏查工作有其固有缺陷，在地面建筑尽毁的情况下，难以准确判定这些遗迹的性质，亦难以复原其本来面貌，因此仅能从地面残存遗迹及其所处地势，并结合附近城防设施的设置来推测其大致的性质与功用。具体性质仍有待考古发掘工作的验证。现将两处疑似角台遗迹简介如下。

（一）西门角台

西门角台位于平梁城西侧山脊顶部，北门至西门段崖壁转折之处，经纬度坐标为北纬31°52′22.43″、东经106°41′44.29″，海拔744米。此处地势较高，山脊外突，略呈半圆形，下视外西门，遥望枣儿塘，是平梁城西部视野最佳之地，可有效弥补北门、西门之间的视野盲区。北门与西门之间的城墙在

图3-72　西门角台全貌（西南—东北）

此处转折，合围而成一个
数百平方米的半圆形外突平
台。此处城墙为内外双面
包砌而成，厚约2.8米。其
中，外层城墙石包砌于崖壁
之外，残存7—8层，残高
约3.3米，均以楔形城墙石
丁砌而成，砌筑规整，自下
而上逐步内收，城墙略微倾

图3-73 西门角台女墙（东北——西南）

斜。内侧城墙高出城内地表约1—1.5米，以条石垒砌而成，城墙石规格相对较
小，砌筑较为随意，直立不带倾斜度。城墙中部以碎石及泥土填充，形成类似
女墙的掩体。城墙之内地势平坦开阔，不排除原有角楼之类的建筑（图3-72至
图3-74）。

图3-74 西门角台顶部视野（东北—西南）

（二）猫儿墩角台

猫儿墩角台位于平梁城东北部山脊顶端，正对莲花山，西南距水寨门约68米，西北距北门约510米，经纬度坐标为北纬31°52′37″、东经

图3-75　猫儿墩角台全景（东北—西南）

图3-76　猫儿墩角台顶部（西南—东北）

图3-77 猫儿墩角台远眺莲花山（西南—东北）

106° 42′ 21.56″，海拔730米。此处地形与西门角台类似，为水寨门至北门之间崖壁转折之处，山脊外突形成半圆形平台，城墙延伸至此处后亦有转折。猫儿墩附近城墙的砌筑方式与西门角台区域极似，为双面包砌，城墙外侧残高2—2.5米，内侧高出城内地表1.8—2米，城墙厚度约2米。城墙内外均为丁砌筑法，城墙石形制为楔形，体量巨大。城墙外立面砌筑规整，石材加工精细；城墙内侧相对粗糙。城墙内侧为一片松林，可见阶梯状台地，不排除原有建筑，有待考古发掘验证（图3-75至图3-77）。

猫儿墩山脊并非入城主要通道，故未设城门。但此处山脊外突，隔断了水寨门与北门之间的联系，容易造成视野盲区，不利于防守。而猫儿墩角台的设置恰好能弥补这一防守缺陷，有利于提高平梁城的防御有效性。

除上述两处疑似角台设施外，东门外金锁关附近、南门山脊顶部等区域虽未发现明显遗迹，但从所处地势及城防布局等方面看，不排除曾有类似设施。如金锁关巨石顶部现存大量成排分布的柱洞，其上原应有角台设施之类的建筑。另外，平梁城行政归属平梁镇炮台村，其得名或与炮台类设施的建设有关。

图3-78　严公台西侧至西门角台之间马面实例（北—南）

图3-79　西门至南门之间马面实例（西北—东南）

图3-80　五号堰塘至东门间马面实例（南—北）

四、马面

实地调查发现，平梁城遗址的城墙之上现存近20处马面。此类马面与城墙一体砌筑而成，但突出城墙之外0.5—0.8米，一般长5—7米不等，个别长达10余米，上窄下宽，外立面略呈梯形，间隔数十米为一处，较为均匀地分布于城墙之上。平梁城山顶崖壁陡直，城墙体量巨大，延伸较长，每隔数十米设置马面一处，既可有效避免城墙垮塌，增强城墙稳固性，又能弥补城墙延伸过长而造成的视线盲区，便于观察敌情、传递军情，增强防御有效性，可谓一举多得。但相较于平地城池而言，平梁城马面规模较小，应是特殊时期根据具体山形地势而作出的改变。根据文献记载及考古调查，巴蜀地区宋蒙山城遗址中修建马面的情况并不常见，目前仅平昌小宁城、奉节白帝城、泸州神臂城等少数山城中发现有少量马面遗迹，但无论规模体量、数量抑或保存状况等，均不及平梁城。渠县礼义城内发现的南宋《礼义城图》显示，南宋礼义城曾修筑有大量马面设施，但并未保留至今，实为遗憾。因此，平梁城遗址内的马面设施数量较多、保存较好，且结构清晰，是研究巴蜀宋蒙山城城防设施建设的重要标本（图3-78至图3-80）。

五、金锁关

金锁关位于平梁城东部山脊下端，紧邻外东门，其地巨石外突，与鹰咀山对峙而立，视野开阔，下视巴州旧治，控扼着巴州旧治进出平梁城的重要通道。考古调查发现，金锁关巨石顶部现残留两排圆形柱洞，直径10—20厘米不等，沿巨石顶部两侧边缘规律分布，推测其上原应有木构建筑，不排除曾建有用于观察瞭望一类的设施（图3-81）。

图3-81　金锁关山脊顶部（西北—东南）

第二节
衙署遗址

　　余玠修筑山城之时，除构筑坚固的城防设施以外，还将诸郡治所迁移至城内，"屯兵聚粮为必守计"①。平梁城位于巴州近郊，其建成之后，巴州州治也曾迁治其上，此事并无争议。但平梁城修城题记及历代正史文献并未言明巴州州治迁入及迁出平梁城的具体时间，亦未提及宋末巴州迁治平梁城后的衙署位置。尽管地面文物调查难以确定平梁城内的功能分区，但文献和考古工作已发现零星线索。较早记录巴州迁治平梁城的文献为明初刘基所作《大明清类天文分野之书》，其书卷十四《保宁府》"巴县"条曰："宋末徙治平梁山。元复还旧治，属广元路。"②其后明清文献多引此条，如《大明一统志》③、《广舆记》④、嘉靖《四川总志》⑤、万历《四川总志》⑥等文献均提及宋末徙巴州州治于平梁城之事，但均未言明迁治的具体时间及衙署具体位置。清嘉庆四年（1799年）时任巴州知州的田文煦因避白莲教之乱而守平梁城，后于严公台上筑亭，曾于严公台附近发现南宋纪年城砖。民国《巴中县志》所载《清知州田文煦严公台碑记》详述其事，其文曰：

　　　　嘉庆四年冬，余来守是邦，时邪匪未靖，刁斗犹严，前刺史知此地雄胜，伐木筑寨，余踵而行之，而士民之列屋而依者，莫不益庆那居。每风雨晦明之际，登台而望，见夫山崔嵬以嵯峨，水沔潒而扬波。不禁喟然曰：《易》称王公设险以守其国，此故险要天成者也。又见夫男女耕桑，熙来攘往，益以知我朝休养于百年之间者良多矣，因建亭于台上。又于土

---

① （元）脱脱等：《宋史》卷四百一十六《余玠传》，北京：中华书局，1977年，第12471页。
② 《大明清类天文分野之书》卷十四《保宁府》，明刻本。
③ 《大明一统志》卷六十八《保宁府》，清文渊阁四库全书本。
④ 《广舆记》卷十六《四川》，清康熙刻本。
⑤ 嘉靖《四川总志》卷六《山川》，明嘉靖刻本。
⑥ 万历《四川总志》卷十一《山川》，明万历刻本。

中得淳祐曹君制砖焉，今马姓家尚有此砖廿余枚，上刻有"淳祐壬子年巴州任内造"，于此见地之兴废有时。余与曹君继将军而经营斯土，有由来也。①

近年来，巴州区文物工作者在平梁城严公台东南侧马家院子附近亦发现少量模印文字为"淳祐壬子巴州曹节制任内造"的纪年宋砖，其形制、印文与《清知州田文煦严公台碑记》中所记田文煦于土中所得宋砖几乎完全相同，应属同批烧制（图3-82）。巴蜀地区宋蒙山城均依山而建，凭天险而守。构筑城防之时，亦多就地取材，开采加工天然岩石以构筑城墙、城门等防御设施，暂未见有砖砌者。其原因有三：第一，山城选址皆为方山地貌，石材易就地取材加工，节省工费；第二，石砌城防较之砖砌更为坚固；第三，山城规模宏大，建材所费甚巨，烧砖筑城不现实。2010—2011年，重庆市文化遗产研究院在重

图3-82　平梁城出土南宋淳祐十二年纪年砖（巴中市巴州区文物保护研究中心何汇女士提供）

---

① 民国《巴中县志》第四编《志余上·古迹》，四川省地方志编纂委员会辑：《四川历代方志集成》第二辑，第4册，北京：国家图书馆出版社，2015年，第333页。

庆市老鼓楼遗址高台建筑F1中，亦发现了类似宋砖，有"淳祐乙巳"模印文字[1]。该遗址被确认为南宋四川制置司及重庆府衙治所前部的"谯楼"兼"望楼"[2]。基于上述推论，田文煦及巴州文物工作者在平梁城严公台附近所获之纪年宋砖应非构筑城防所用，而极可能为宋末迁入城内的巴州衙署等高级别官方建筑用砖。结合这些印文砖的出土地点来看，南宋巴州衙署迁入平梁城后，很可能就设在严公台附近，但具体位置仍留待今后考古发掘验证。

"淳祐壬子"即宋理宗淳祐十二年（1252年），说明巴州州治应为平梁城修筑完成的第二年迁入城内的。是年，余玠北伐兴元失利已退守四川腹地，而蒙哥执掌蒙古大权，重新开始集中力量进攻南宋，宋蒙攻守之势再度易形。面对此形势，巴蜀地区各府州郡县需时刻准备应对蒙古骑兵的进攻。淳祐十二年（1252年），蒙哥为袭取嘉定，曾命汉中蒙军沿米仓道南下，兵分三路侵扰川东北地区，以牵制东川宋军。[3]其中一路便以巴州、蓬州为主攻方向，此或为巴州迁治平梁城的直接原因。平梁城所见宋砖印文所述之"曹节制"其人，未见文献确载，身份不明。从印文称谓分析，其应为驻守平梁城的巴州主要官员。据《平梁新城题名》摩崖所记，参与平梁城修筑的"分责任事"者共三十二人，其中有"路将曹贵"，未知是否为砖文所述之"曹节制"。

宋末巴州何时迁出平梁城，文献无确载。据《元史》记载，南宋景定三年（1262年），杨大渊、杨文安叔侄两次出兵巴渠[4]，平梁城应于是年被蒙古军攻占。其后知巴州向佺移戍通江得汉城，巴州州治亦应乔迁得汉城，至元初迁还旧治，改隶广元路。自淳祐十二年（1252年）迁治平梁城，至景定三年（1262年）移戍得汉城，巴州曾治平梁城十年之久。

清嘉庆初年，白莲教起义席卷川东北，巴州地区亦深受影响。嘉庆二年（1797年）九月，白莲教军攻破巴州，焚毁州署，知巴州常发祥再将巴州移治平梁城内，至嘉庆十年（1805年）方迁回旧治。关于这一时期巴州衙署所在，

---

① 袁东山、胡立敏：《渝中区老鼓楼衙署遗址高台建筑F1发掘简报》，《江汉考古》2018年第S1期。

② 袁东山：《明夏皇宫及重庆近世府署空间格局的演变——基于老鼓楼遗址发掘的研究》，《长江文明》，2017年第4期。

③ 李天鸣：《宋元战史》，台北：食货出版社，1988年，第600、601页。

④ （明）宋濂等：《元史》卷一百六十一《杨大渊传》，北京：中华书局，1976年，第3778页。

道光《巴州志》有明确记载，如其书卷二《公署》载：

> 嘉庆二年，教匪焚掠，署亦就毁，迁居平梁城。知州田文煦立衙署于平梁城严公台下。十年，贼平复故。①

又卷三《古迹》"严公台"条记载：

> 严公台，在平梁城内，高数丈。嘉庆初，教匪滋扰，曾侨置州署于此台下，俗称桓侯获严将军处。②

道光《巴州志》成书时间距巴州迁治平梁城仅三十余年，其记载应可信无误。其后，民国《巴中县志》亦多次提到田文煦立衙署于严公台下之事，并言"衙故址在严公台下，今犹存，俗又呼此处为衙门坝"③，所述则更为详细。由此观之，清代迁治平梁城后，巴州衙署所在位置与南宋位置或无太大差别，仍在严公台附近。

据笔者实地调查，严公台南侧有一开阔地，当地俗称"衙门田"，应即民国《巴中县志》所记之"衙门坝"。此处地势较高，地形开阔，自北向南略呈阶梯状分布，北靠严公台，左依堰塘，右临绝壁，远离城门等攻守前线，安全系数较高。此外，该区域周围耕地众多，水源充足，至今仍是平梁城内居民聚居之所，符合修建衙署的地理地形条件。调查中，在该区域耕地中发现大量瓦砾，推测原有建筑。综合来看，南宋淳祐及清嘉庆年间迁治平梁城的巴州衙署遗址，极可能位于严公台南侧的开阔区域，期待今后考古发掘工作的验证（图3-83、图3-84）。

---

① 道光《巴州志》卷二《建置志上·公署》，四川省地方志编纂委员会辑：《四川历代方志集成》第二辑，第4册，北京：国家图书馆出版社，2015年，第47页。
② 道光《巴州志》卷三《建置志下·古迹》，四川省地方志编纂委员会辑：《四川历代方志集成》第二辑，第4册，北京：国家图书馆出版社，2015年，第71页。
③ 民国《巴中县志》第四编《志余上·古迹》，四川省地方志编纂委员会辑：《四川历代方志集成》第二辑，第4册，北京：国家图书馆出版社，2015年，第332、333页。

图3-83　严公台及"衙门田"航拍照

图3-84　"衙门田"区域现状（北—南）

第三节
生产生活遗存

生产生活遗存指平梁城内与军民日常生活息息相关的遗存遗迹，主要包括堰塘、水井等水源设施以及道路等方面。

一、水源设施

是否具备充足的水源是关系一座山城能否承载相当数量的军民，以及能否维持较长时间守御的关键因素。平梁城虽地势高耸，但水源充足，众多文献中记载，平梁城内有"古寺、龙泉二水，四时不竭"。古寺、龙泉现已难以确指，从字面意思理解，可能是天然泉涌之水。根据文献记载及实地调查来看，巴蜀地区并非所有山城都有天然水源，大量山城寨堡在构筑城防之时会修筑堰塘、开凿水井，以供应城内军民生产生活所需。调查发现，平梁城内现存八处规模较大的堰塘，以及三口水井。这些水源设施中，仅少量遗迹清楚者，可大致判断为修城之时所建。明邵捷春《古平梁山寨歌》题刻中描写平梁城地势曰："崖顶三池清且列，高下宜黍亦宜稻"，表明在明朝时期，平梁城山顶至少有三方较大的堰塘，然不知所指。如今可见其余堰塘不排除原有基础，但均在20世纪50年代以后扩建或改建。笔者调查时采访过平梁城内居民，对于城内部分堰塘的修建年代，往往说法不一、莫衷一是。为求全面，现将笔者所调查的城内规模较大的八处堰塘及四处水井分别介绍如下。

（一）堰塘

平梁城现存堰塘中，除饮马池有具体名称外，其余均无确切名称，现从西门堰塘为始，逆时针方向依次编号为第一号堰塘至第八号堰塘（图3-85至图3-87），现列表简介如下（见表3-1）。

表3-1　平梁城重要堰塘一览表

序号	名称	中心坐标	周长（米）	面积（平方米）	特征
1	一号堰塘	N31° 52′ 13.10″、E106° 42′ 6.32″ 海拔761米	180	1300	北窄南宽，平面略呈三角形
2	二号堰塘	N31° 52′ 10.01″、E106° 42′ 11.31″ 海拔753米	130	935	平面大致呈梯形
3	三号堰塘	N31° 52′ 0.54″、E106° 42′ 21.50″ 海拔729米	178	1100	平面大致呈水滴形
4	四号堰塘（饮马池）	N31° 52′ 15.53″、E106° 42′ 28.15″ 海拔749米	380	8415	城内最大堰塘，平面略呈梯形
5	五号堰塘	N31° 52′ 16.62″、E106° 42′ 35.53″ 海拔746米	322	3980	平面为不规则形
6	六号堰塘	N31° 52′ 21.70″、E106° 42′ 36.48″ 海拔752米	127	1086	平面为不规则形
7	七号堰塘	N31° 52′ 26.54″、E106° 42′ 33.13″ 海拔760米	200	2100	平面略呈三角形
8	八号堰塘	N31° 52′ 22.08″、E106° 42′ 18.66″ 海拔780米	144	1330	平面略呈椭圆形

图3-85　一号堰塘（南—北）

图3-86　四号堰塘——饮马池（东南—西北）

图3-87　五号堰塘（东南—西北）

（二）水井

平梁城遗址内共发现古井四处（图3-88至图3-90），有三处位于马家院子左右，从西向东依次编号为马家院子一号至三号水井，均疑为宋井。其中第一、二号为圆形井圈，井壁以条石垒砌，呈六边形；第三号为石砌方井，平面呈长方形。第四处位于西门内一号堰塘东南角，为石砌方井，年代不详（见表3-2）。

表3-2　平梁城古井一览表

序号	名称	坐标	长宽、直径（米）	深度（米）
1	马家院子一号水井	N31° 52′ 19.66″ 、E106° 42′ 15.38″ 海拔760米	口沿直径0.6	4
2	马家院子二号水井	N31° 52′ 45.7″ 、E106° 41′ 41.99″ 海拔760米	口沿直径0.6	3
3	马家院子三号水井	N31° 52′ 27.69″ 、E106° 42′ 00.73″ 海拔760米	长1.25、宽1.15	3
4	一号堰塘东南角水井	N31° 52′ 20.22″ 、E106° 41′ 52.12″ 海拔753米	长0.84、宽0.6	1.7

图3-88　马家院子一号水井（东—西）

图3-89　马家院子二号水井（南—北）

图3-90　一号堰塘东南角水井（东—西）

二、道路

道路是山城寨堡中非常重要的设施，按照沟通范围来看，与平梁城遗址相关之道路可分为内、外两大方面。从宏观层面上看，平梁城地处米仓道关键节点巴州近郊，通过米仓道主线及各支线，可上接兴元，下通渠、广，西连利、阆，东出开、达，诚为川东北军事要塞。从中观视角而言，平梁城虽雄踞山顶，但地近巴州旧治，军民保聚于此，必有出入城寨之通道。此二类道路可视为平梁城对外通道。从微观视角而言，平梁山顶部面积巨大，各区域之间沟通往来，各城门之间信息传递，亦必有道路相通，此为平梁城内部通道。

关于平梁城与米仓道的关系，前文已述，此不赘言。就出入通道而言，文献资料中已有零星提及。如道光《巴州志》中描述平梁城"周数十里，俱悬崖峭壁，莫可扳（攀）援，惟四隅有小径可通上下，亦崎岖逼仄，不可驰骋"[1]。这则文献明确提到平梁城四隅均有出入通道，不过皆为小径，并非大路。又引《志稿》曰："张实筑，城高一丈，周数十里，四隅有门，门皆三重。"[2]一般而言，修筑城门的目的即为控扼出入要道。道光《巴州志》所绘《平梁城图》中，也明确标识了平梁城东、南、西、北四座城门各自扼守一条出入通道，应即前文所言之四隅小径。实地调查发现，平梁城东、南、西、北四处城门均位于外突山脊附近，其中西门外出可通枣儿塘，中西门及外西门所处至今尚存石阶步道。东门有三重，是通往巴州旧治的最近通道。中东门、外东门下至金锁关一带，均零星可见石阶步道。既有石板路，亦有在天然基岩上开凿而成的碥路。北门直通平梁镇，南门直通西华山，虽早期道路保存较差，但无疑均为出入要

图3-91　严公台西侧至西门角台城墙顶部道路局部（西南—东北）

---

① 道光《巴州志》卷一《山川》，清道光十三年刻本。
② 道光《巴州志》卷三《古迹》，清道光十三年刻本。

图3-92 饮马池西南侧
山腰二层台至山顶道路
（东南—西北）

图3-93 金锁关出城道
路局部（西北—东南）

图3-94 外东门出入
城道路局部（东南—西
北）

图3-95 猫儿墩角台至北门段城墙顶部道路局部（西—东）

道。至于卡门及水寨门附近，虽亦有出入通道，但明显时代较晚，或为后世新开。此外，《平梁城图》中所标注的道路并非单线，四隅道路出城之后，在平梁城山腰又有联络，形成了一个四通八达的道路网络。如今平梁城山腰的环线公路亦大致沿此道路走向延伸。

据实地调查，平梁城内部道路亦颇为复杂，主要包括环城通道和城内道路网两大部分。环城通道沿城墙延伸，城墙顶部即为道路，平时作为常规道路；战时可作为巡视敌情和传递讯息的跑马道。以北门至西门段、猫儿墩角台至北门段城墙顶部道路保存较好，部分区域铺设有石板。城内道路网联络城内各区，四通八达，主要以衙署所在及附近的严公台、马家院子为中心，至各城门、各重要设施及生产生活区域均有道路相连（图3-91至图3-95）。

第四节
其他相关遗存

除城防军事遗迹和生产生活遗迹外，平梁城遗址范围内还有众多墓葬、碑刻、造像、寺观祠庙以及高台等其他遗迹。现分类介绍如下。

一、墓葬

（一）张必禄墓

　　张必禄墓位于平梁城东北部，东南距内东门约210米，坐北偏西向东南。经纬度坐标为北纬31°52′25.88″、东经106°42′27.13″，海拔752米（图3-96）。张必禄为四川万源人，清代官员，曾官居川、贵、云南提督等职，嘉庆年间，曾于巴州抗击白莲教军。道光六年（1826年）曾赴新疆平叛，功勋卓著。鸦片战争时期，张必禄又率军赴广东抗英，被誉为"四川抗击英军第一人"，道光皇帝钦赐"励勇巴图鲁"称号。张必禄死后，葬于平梁城上。

图3-96　张必禄墓遗迹（西南—东北）

　　墓前原有张公馆，现均毁，墓前为一小山湾，左右各有一山脊外出，山脊外沿左右各立龟趺石质望柱一座，二者相距约60米。望柱底座为方形，有二层台，通高0.7米，底宽1.58米，二层台宽1.38米，四角装饰龟首，皆毁。望柱为四面体，上窄下宽，从下至上逐渐内收，底宽0.5米，高5.5米，顶部各装饰狮

图3-97 张必禄墓前右侧望柱（西北—东南）　　图3-98 张必禄墓前左侧望柱（东北—西南）

图3-99 张必禄墓前农户屋后堡坎上的石马残件（西—东）

形瑞兽一尊，做匍匐状（图3-97、图3-98）。据文物工作者及当地百姓介绍，张必禄墓原有圆形封土，墓前设神道，雕刻石羊石马等，皆毁于20世纪六七十年代。调查中发现石马残件一块，被砌筑于民房后坎之上（图3-99）。墓碑亦被改造成两盘石磨，分散于城内两户居民家中。

（二）金锁关崖墓

此崖墓位于东门外金锁关崖壁外端，"武壮佳城"题刻左侧，经纬度坐标为北纬31°52′16.16″、东经106°42′45.48″，海拔653米。墓口西南向，墓门为方形，内高0.6、宽0.59米，外高0.96、宽0.69米，进深0.27米。墓口上方有"人"字形排水槽，墓内壁遍布錾刻纹路（图3-100）。

图3-100　金锁关崖墓（西南—东北）

二、碑刻

（一）明邵捷春平梁山寨歌

此碑位于金锁关崖壁上，为竖长方形，宽1.24、高1.8米，打破其外之圭首碑，年代晚于圭首碑。碑文上部残泐较甚，较难识读，据下部残文可知，此碑为明邵捷春崇祯己卯同周监纪阅平梁山寨歌，道光《巴州志》全文著录，现参考文献所载，隶定全文如下：

几度平梁梁几平，平梁城 旧倚山成。王濬全活未可/数，无降将军气如生。巴人纷纷避寇入峒堡，何如 结橡依 此以为保。崖顶三池清且冽，高下宜黍亦宜 稻。况今天子命 六师，伏莽乘墉秋叶扫。君不见/二百年前鄢蓝、廖麻子，林公 慷慨荡平而再造。/明邵捷春崇祯己卯同监纪周 有翼阅平梁山寨歌/巴州同张达□（书？）。

据道光《巴州志》记载，此碑系明崇祯己卯年（1639年）邵捷春同周有翼游览平梁城后所作，是时正值明末张献忠乱蜀。邵捷春在碑文中追忆平梁城保聚百姓之历史，以及林俊平定鄢蓝之乱之壮举，其意或在借古喻今。自平梁城建成以来，宋末及清代迁治情况皆较为清楚，唯明代是否迁治平梁城难以确知，此题刻刚好提供了平梁城明代历史的宝贵线索。结合明末张献忠入蜀的历史事实判断，此时平梁城很可能重新被利用，成为军民保聚之所，至于是否迁治，则有待进一步研究（图3-101）。

图3-101　（明）邵捷春《平梁山寨歌》（西南—东北）

（二）圭首残碑

此碑位于"邵捷春平梁山寨歌碑"外围，被后者打破。碑宽2.3、高3.2、深0.13米。碑面遍布凿痕，未见文字（图3-102）。

图3-102　金锁关圭首碑（居中竖长方形碑为"明　图3-103　金锁关"武壮佳城"题刻（西南—东北）
邵捷春平梁山寨歌"，西南—东北）

（三）"武壮佳城"题刻

此题刻位于金锁关崖墓右侧，长方形，宽5.36、高1.35米。碑文为双钩楷体，居中横书"武壮佳城"四大字，字径约120厘米；左侧竖书"咸丰壬午冬月"六字，字径17—20厘米；右侧落款竖书"历城孙基题"五小字，字径17—20厘米。"武壮"为清末名将张必禄谥号，"佳城"为墓葬之代称，张必禄逝后葬于平梁城上，"武壮佳城"即指张必禄墓。此题刻当为孙基缅怀张必禄所题（图3-103）。

（四）"浪静波平"题刻

此题刻位于南门至东门之间崖壁之上，经纬度坐标为北纬31°52′05.46″、东经106°42′07.09″，海拔约700米。长方形摩崖题刻，宽3.57、高1.83、距地1.2米。题刻正上方有长方形碑额，长2.42、高0.98米，从右至左楷书"浪静波平"四大字，字径约60厘米，其上有"人"字形引水槽（图3-104）。正文刻于清同治年间，楷体，竖书，首段叙事，其后为人名，字径2—4厘米。题刻正文风化较

图3-104　"浪静波平"题刻（东—西）

甚，残文如下：

> 同治二年二月二十四日……/平梁城，名寨也。创筑自……/□间焉。
> 咸丰初，烽烟四起，我移……/□□造枪炮旗帜，未能完缮，至同治二
> 年……/□□处墙垣，月余告竣，磐石苞桑之固……/巴州文……

　　其后皆为人名，共计66列，共516个人名，此略去不录。此题刻首段残文
内容追忆了平梁城修筑的历史，"咸丰初，烽烟四起，我移……/□□造枪炮
旗帜，未能完缮"一句，或与咸丰至同治时期的李蓝之乱有关。据民国《巴中
县志》记载，咸丰十年（1860年），州绅雒绍第、陈敦睦等请设团练，其目的
也是防备李蓝军。[1]题刻中明确提到咸丰初及同治二年（1863年）修缮城垣之

---

① 民国《巴中县志》第三编《政事志下·团练》，四川省地方志编纂委员会辑：《四川历代方志集成》第二辑，第4册，北京：国家图书馆出版社，2015年，第300页。

事，为研究平梁城修筑历史提供了重要线索。

（五）张必禄墓碑

张必禄墓碑在20世纪六七十年代被毁，主体部分被改刻为两盘石磨，笔者调查时，分别在饮马池北侧及严公台附近马姓人家找到这两盘石磨，残文清晰。其中饮马池北侧农家石磨上残文为"太子太保予谥"，严公台一侧农家石磨上残文为"张建威将军"，楷体，字径10—15厘米（图3-105、图3-106）。

 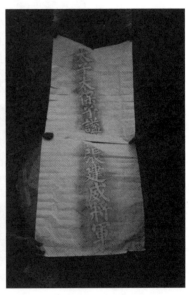

图3-105　马家院子张必禄墓碑局部　　　　　图3-106　张必禄墓碑残存文字拓片拼
　　　　　　　　　　　　　　　　　　　　　　　　合照

（六）"李氏宗祠"禁约碑

此碑位于饮马池至东门之间崖壁上，经纬度坐标为北纬31°52′21.65″、东经106°42′22.45″，海拔712米。尺幅宽1.5、高1.38米，摩崖，双钩楷书。碑额横书"李氏宗祠"四大字，字径30—44厘米；正文一列，竖书"禁止青山入口"，字径12—18厘米。从内容及书题格式来看，此碑当为宗祠禁约碑，刊刻年代可能在清代或更晚。平梁城林木蓊郁，"禁止青山入口"末尾残字可能为"火"字，此碑或为禁火碑（图3-107）。

图3-107　"李氏宗祠"禁约碑

三、寺观祠庙

（一）鸿禧寺

鸿禧寺位于内东门西北约400米处，靠近张公馆（张必禄墓），现寺庙已毁。2016年4月，笔者在鸿禧寺旧址附近发现数量较多的石雕残件，雕刻大量人物故事等精美图案，或为古鸿禧寺建材（图3-108、图3-109）。

道光《巴州志》卷一《山川》载："城中有鸿禧寺，所谓古寺也。"①又

———————————

① 道光《巴州志》卷一《地理志·山川》，四川省地方志编纂委员会辑：《四川历代方志集成》第二辑，第4册，北京：国家图书馆出版社，2015年，第38页。

图3-108　鸿禧寺石刻残件

图3-109　鸿禧寺石质建筑构件

卷三《寺观志》曰："鸿禧寺，在州西二十五里平梁城内，创始无考，康熙中重建。嘉庆二年教匪之乱，州城毁坏，官民尽迁徙保聚于山城，大军粮饷亦在焉，因共捐修，遂为丛林。"①清嘉庆年间，巴州知州田文煦重建鸿禧寺以作学堂，并作《田文煦重修古鸿禧寺作学堂碑记》，其文曰：

> 平梁之荒废久矣，何有于禅院？前任常公葺补之以御寇，土人从之。岁己未，余来守是邦，又踵而理之。劳来安集，居人益众，惟庚学校之不兴。徐而察之，东门之内、女墙之旁，有寺址焉，方广而平展，且爽垲。前有文笔之峰、文曲之水，余甚喜之。询诸土人，曰：古鸿禧寺也。爰命衲衣鸠工，起殿三楹，庙成，假其馆集士子俊秀，延师以三物教焉。古所谓以时宾兴者，庶乎其有赖矣。僧请志诸碣，曰：鸿禧之建也，缘平梁之旧址；庠舍之立也，以鸿禧之再成。是固一举而兼得者，记之其亦可也。以平梁之市斗，日撮米若干为汝等之费，以供给讲贯诵读者之茶水，使无缺乏。乃记曰：鸿禧之兴，肇自有唐。既遭兵燹，寺欲丘荒。突因贼匪，来寇巴疆。常公葺成，余立庙堂。爰以舍宇，权作序庠。文风日盛，斯壮平梁。千载而后，历久弥光。于斯时也，悦我衷肠。镌之贞珉，用志不忘。②

碑文中提供了两点重要的信息，其一是鸿禧寺之位置在"东门之内、女墙之旁"；其次田文煦推断鸿禧寺始创于唐代。有唐一代，巴中地区因其特殊的地理位置，成为佛教等宗教艺术传播的重要孔道，两京地区佛教艺术经米仓道传入巴州，促进了巴州地区佛教文化的繁荣。巴州附近之南龛、西龛、北龛等皆是著名的佛教造像点，平梁山作为近郊名山，在唐代修筑有寺庙的可能性较大。且据笔者实地调查，半山之平梁洞中确实发现了唐代造像，证明平梁山至迟在唐代已成为当地的宗教场所之一，因此不排除鸿禧寺始建于唐代之可能。

---

① 道光《巴州志》卷三《建置志下·寺观》，四川省地方志编纂委员会辑：《四川历代方志集成》第二辑，第4册，北京：国家图书馆出版社，2015年，第65页。
② 民国《巴中县志》第三编《政事志上·宦绩》，四川省地方志编纂委员会辑：《四川历代方志集成》第二辑，第4册，北京：国家图书馆出版社，2015年，第275页。

（二）真武宫

真武宫位于北门南侧约120米，经纬度坐标为北纬31° 52′ 36.27″、东经106° 42′ 3.46″，海拔774米。据道光《巴州志》载："有真武宫，嘉庆八年，知州田文煦建。"①真武宫原为四合院式，现存正殿及左右厢房。正殿主体为清末民国时期抬梁式建筑，瓦为现代新盖，面阔三间，宽8.5、进深5米，大殿中供奉三世佛及十八罗汉，当为现代改塑。笔者最近调查发现，真武宫外围已搭建彩钢棚，并改名平安寺（图3-110）。

图3-110　真武宫外景（2016年4月17日拍摄）

（三）张公馆

张公馆位于张必禄墓附近，应为纪念张必禄所建，现建筑已毁。

---

① 道光《巴州志》卷一《地理志·山川》，四川省地方志编纂委员会辑：《四川历代方志集成》第二辑，第4册，北京：国家图书馆出版社，2015年，第38页。

四、严公台

严公台位于平梁城西北部，北距北门约260米，西南距内西门约365米，最高点经纬度坐标为北纬31°52′29.65″、东经106°41′57.60″，海拔791米。严公台为一土台，是平梁城内制高点，略呈覆斗形，底部周长约350米，面积8000余平方米，相对高差10余米。相传严公台为东汉末年刘璋所部巴郡将领严颜所建，因此得名；另有说法认为其为张飞获严颜之处。如乾隆《巴州志略》载："平梁城，在治西十五里，四围石壁如城，相传张飞与严颜战此。"[1]道光《巴州志》对此传说有精详考论，其文曰：

> 严公台，在平梁城内，高数丈。嘉庆初，教匪滋扰，曾侨置州署于此台下，俗称桓侯获严将军处。《华阳国志》云：诸葛亮与张飞、赵云溯江降下巴东，巴郡太守赵莋拒守，飞攻破之，获将军严颜云云。巴郡乃今重庆，安得在此？按巴州前有严颜，后有严武，二公均在人耳目间，此台其将军遗迹耶？亦郑公旧游耶？俱不可考。但以为将军被获处，则误之甚矣。[2]

据此文献，至迟在道光年间，人们对张飞获严颜于严公台的传说已产生怀疑，并进行过考证。上文所述之严武，为盛中唐时期人物，曾任巴州刺史、剑南东川节度使、剑南节度使等官职，后封郑国公。[3]严武在巴州留迹甚多，如巴州南龛便保存有严武所刻碑刻及造像等遗迹。道光《巴州志》认为严颜、严武二人事迹均在巴州耳目相传，虽无法确定严公台到底为前者遗迹，抑或是后者旧游之地，但绝非张飞获严颜之处。

道光《巴州志》、民国《巴中县志》等文献明确提到，清嘉庆年间巴州知

---

[1] 乾隆《巴州志略·古迹》，四川省地方志编纂委员会辑：《四川历代方志集成》第二辑，第4册，北京：国家图书馆出版社，2015年，第4、5页。

[2] 道光《巴州志》卷三《建置志下·古迹》，四川省地方志编纂委员会辑：《四川历代方志集成》第二辑，第4册，北京：国家图书馆出版社，2015年，第71页。

[3] （宋）欧阳修、宋祁撰：《新唐书》卷一百二十九《严挺之传·严武附传》，北京：中华书局，1975年，第4484页。

州田文煦迁巴州衙署于严公台南侧，又曾于严公台筑亭，并有《清知州田文煦严公台碑记》流传至今，表明台上原有建筑遗迹。南宋至清代迁治保聚平梁城时期，严公台作为城内制高点，也不排除建有观察瞭望一类设施的可能。但时过境迁，现严公台上林木蓊郁，地面遗迹均已不存，地下是否仍有遗迹有待考古勘探及发掘工作验证。

五、平梁洞及周围遗迹

平梁洞又称仙人洞，位于平梁山东南侧半山腰，经纬度坐标为北纬31°52′7.33″、东经106°42′10.86″，海拔694米（图3-111）。平梁洞内及附近现存龛窟4个，从西向东依次编号为K1—K4。摩崖题记14幅，从西向东依次编号为T1—T14。另有浮雕石塔1座、字库塔1座。瘗窟2处，从西向东依次编号为Y1—Y2。现分类介绍如下。

图3-111 平梁洞全景照（东南—西北）

（一）摩崖造像

1. K1

K1位于平梁洞右侧崖壁上，外长方内圆拱形双重龛，整体保存较好，残存妆彩。外龛高164、宽131、进深32—43厘米，内龛高127、宽111、进深50厘

图3-112　平梁洞K1全景照（东南—西北）

米。内龛龛沿装饰连珠纹、卷草纹带，左上部风化稍残；内龛有尖桃形龛楣，正中刻小坐佛一尊，残损较甚，佛像外有两层圆形连珠装饰；龛顶左右两角各刻飞天一尊，皆向外跪坐于云端，手托物上举，身后飘带翻飞（图3-112）。

内龛龛内造像21尊，主尊居中，结跏趺坐于束腰方形台座上，通高100、座高50厘米，座底正前方装饰覆莲图案，座腰部两侧装饰方格纹及连珠纹，座上部残损严重。主尊头部、胸部及右臂、右膝皆残，脑后有内圆外尖桃形双重头光，从内向外依次装饰莲瓣纹、连珠纹、回形纹、卷草纹及火焰纹。造像身着双领下垂式袈裟，左肩披巾，内着僧祇支，胸前系带，袈裟下摆悬于座前，左手置于腹前，掌心向上。

主尊左右各刻4尊造像，左侧内起第一尊立于仰覆莲台上，像高46.5、肩宽11厘米，头戴莲花高冠，面部残损，身着交领广袖长袍，双手合十于胸前，面朝主尊。

第二尊跣足立于仰覆莲座上，座下有缠枝莲茎自龛底发出，像高57、肩宽15厘米，仰覆莲座高10厘米，造像为弟子像，面部残损，双耳及肩，脑后装饰圆形头光，身着双领下垂式袈裟，袖摆宽大，下着长裙。双手合十于胸前，残损较甚。

第三尊为护法像，武士形象，像高50.5、肩宽9厘米，头戴兜鍪，颈部系巾，身着武士服，腰间系带，足着靴，左手置于胸前。

第四尊为菩萨像，跣足站立于三层仰莲座上，造像高63厘米，莲座高13厘米，莲座下有缠枝莲茎相连，自龛底宝瓶中发出。造像残损严重，仅双脚残存。脑后装饰内圆外尖桃形双重头光，从内向外依次装饰莲瓣纹、连珠纹、火焰纹等，衣摆垂于身后，帔帛垂于体侧（图3-113）。

右侧内起第一尊立于台上，像高50、肩宽9厘米，头戴莲花宝冠，身着交领广袖长袍，面朝主尊，双手合十于胸前。

第二尊为弟子像，跣足站立于仰覆莲座上，座下有缠枝莲茎自龛底发出，像高53、肩宽16厘米，仰覆莲座高9厘米。造像头部已毁，脑后装饰圆形头光，身着袒右肩袈裟，内着僧祇支，左手上举于胸前；右手自然下垂，手持念珠。

第三尊为护法像，武士形象，像高50、肩宽13厘米，束高髻，戴三瓣莲花冠，颈部系巾，身着对襟武士

图3-113 K1左壁造像局部（西—东）

图3-114 K1右壁造像局部（东—西）

服，腰间飘带下垂呈"U"形，足着靴，双手置于胸前，似结印。

第四尊为菩萨像，跣足站立于三层仰莲座上，像高60厘米，莲座高10厘米，莲座下有缠枝莲茎相连，莲茎自鼋底宝瓶中发出。造像头部、胸部、腹部、左右臂残损严重，脑后有内圆外尖桃形头光，从内向外依次装饰莲瓣纹、连珠纹、火焰纹。左肩有三缕头发垂下。身着天衣，下着长裙，衣纹细密。造像颈部戴项圈，胸前装饰璎珞，璎珞下垂至小腿前，绕向身后，飘带垂于体侧（图3-114）。

主尊身后左右雕刻菩提双树，菩提树左右浮雕天龙八部护法神将，皆保存较好，面部清晰（图3-115、图3-116）。

图3-115　K1天龙八部左侧四身（西—东）

图3-116　K1天龙八部右侧四身（东—西）

　　龛口菩萨像身侧各有供养人像1尊，均为女装，头部皆毁。左侧像残高47厘米，身着广袖长袍，下着裙，腰系带，腹部微鼓，足着翘头靴；右侧像残高50厘米，身着广袖长袍，下着长裙，腰间系带，结带垂于双腿之间，足着翘头靴。双手似捧物于胸前，毁不可识。

　　龛外左右各有力
士像1尊，立于山形座
上，皆损毁严重，残高
53厘米。

　　从龛形上看，K1
为外方内圆拱形双重
龛，内龛有尖桃形龛
楣，装饰连珠纹、卷草
纹等，是四川地区唐代
造像龛中非常流行的做

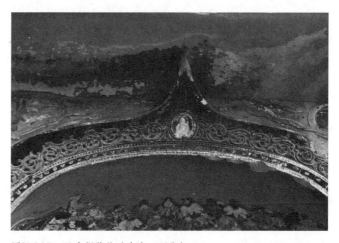

图3-117　K1龛楣装饰（东南—西北）

法。造像内容上，K1表现的应为释迦说法，龛后有菩提双树并出现天龙八部造像，在巴中地区流行于盛唐时期。整体上看，K1之龛形、题材与巴中南龛等盛唐造像的风格相近，当属盛唐时期作品（图3-117）。

2. K2

K2为一圆拱形深窟，位于K1左侧，即所谓仙人洞之主体。龛宽3.73、高4.08、进深4.54米，窟内后壁有观音像，原为清道光二年（1822年）所塑，2007年重塑再造（图3-118）。窟内左右两壁有题刻7幅，左壁上部有通道一处，内即文献中记载的妙通居士罗南仲所居之石室。

图3-118　平梁洞K2内景（东南—西北）

3. K3

K3即罗南仲所居莲花硐石室，位于K2左上侧。龛口为双层方形，外高118、宽142、进深11厘米，内高92、宽93厘米。龛口左右各有立像1尊，左像通高77厘米，面部残损，脑后有圆形头光，头光内有线刻分隔，象征太阳纹，头顶盘旋一龙状物。上身着甲胄，下身着战裙，左手环腹置于腰前，右手上举，

图3-119 K3龛口左侧造像（西南—东北）

图3-120 K3龛口右侧造像（东北—西南）

图3-121 平梁洞K3全景照（东南—西北）

残损（图3-119）。右像高76厘米，圆形头光，头光内有线刻分隔，象征太阳纹，头顶盘旋一龙状物。头戴幞头，上身着甲胄，下身着战裙，腰部系带，左手环腹置于腰间，右手托物上举于身侧（图3-120）。窟内平面大致为方形，有石床，通宽3.62、进深3.57米，总面积约12平方米。从龛口来看，不排除此窟是在崖墓基础上开凿而成（图3-121）。

4. K4

K4位于K2左侧、K3下方，外方内圆拱形双重龛，内龛有尖桃形龛楣，龛楣正中刻老君坐像1尊，头戴高冠，身着交领广袖长袍，左手持麈尾，右手抚膝。造像外有椭圆形身光，外饰火焰纹。龛沿装饰卷草纹带，龛上部左右两角各有装饰，左上角为经匣和宝剑，剑首装饰流苏，经匣外系丝巾；右上角为如意图案，如意装饰流苏，中部系丝巾。外龛高119、宽104、进深12.5厘米，内龛高104、宽90、进深38厘米，

龛内造像3尊，主尊居中，结跏趺坐于束腰须弥座上，通高96、座高37厘米，座下方为三层叠涩，上部为仰覆莲座。主尊头部右侧毁坏，似束高髻，

图3-122 平梁洞K4全景照（东南—西北）

颌下三捋胡须，身着交领广袖道袍，双手置于胸前，右手在上，左手在下，捧物，残损，疑为麈尾。造像身后有舟形大背光，内饰两棵缠枝花卉，外饰祥云纹和火焰纹（图3-122）。

左壁刻立像1尊，立于半圆形台座上，通高58、座高11.5厘米。造像头、身皆残，腰间系带，下身着裤，足着鞋。头顶身后似有宝剑，剑首装饰剑穗（图3-123）。

右壁刻立像1尊，立于半圆形台座上，通高57、座高11.5厘米。头部残损，身着双领下垂式广袖长袍，衣摆垂于身后及两腿间，下身着裤，足着鞋。左手置于腹前托葫芦，右手置于胸前似持索状物（图3-124）。

龛外左右有石刻楹联，左为"道辟三千界"，右为"书传十万言"。此龛造像为道教题材，龛内主尊应为老君像，左右为胁侍童子或真人像。K4龛形及装饰虽与K1大体相似，但细节差异颇大，其开凿可能借鉴了K1的龛形及装饰特点，但年代晚于K1。主尊背后的舟形大背光带有典型的明清背光特征，龛外

图3-123　K4左壁造像（西南—东北）　　　　图3-124　K4右壁造像（东北—西南）

图3-125　T1（东南—西北）

左右刊刻楹联的做法亦常见于明清时期。故综合而言，K4的开凿年代应为明清时期，其开凿时借鉴了K1的龛形及装饰技法。

（二）摩崖题记

1. T1

T1位于K1左侧，竖长方形，高115、宽77.5厘米，内容为：

打倒帝国/主义！/丙三口。

从题刻内容来看，应属红军题刻。当是在旧有题刻基础上磨光再刻而成。现题刻幅面仍隐约可见个别原刻文字（图3-125）。

2. T2

T2位于K2上方，横长方形，高约150、宽约350厘米。题刻横书"洞天飞露"四个行书大字，右侧落款为"道光二年五月中浣谷旦"，竖书，楷体，文字较小（图3-126）。

图3-126　T2（东南—西北）

3. T3

T3位于K2右壁外侧上部，为K2造像妆彩记。题刻略呈方形，高80、宽84.5厘米，题刻正文共13行，楷体、竖书，字径5—6厘米（图3-127）。内容如下：

辉煌洞阁，神像引□，/斯洞已古，斯阁方新，神像未及辉煌/适有（龚廷荣/李映川）邀同善士，集合余资，普装/全殿金衣，敬塑观音、陪神，建龛刊匾，/斯洞斯阁是以告成。前序所谓观乎此/者，好善之心，油然而生于斯，亦一验云。

图3-127 T3（东北—西南）

其后为18个人名及各自出钱数额，此略去不录。落款为：

大清道光二年五月中浣日镌，绘士陈诰。

图3-128 T4（东北—西南）

4. T4

T4位于T3左侧，竖长方形，高165、宽118厘米，计31行，皆为人名，此略去不录（图3-128）。

5. T5

T5位于T4左侧，长方形，高47、宽50厘米，字迹磨灭，无法识读。

6. T6：仙仁洞再塑再造序

T6位于T3下侧，长方形，高101、宽78厘米，共16行，楷书，竖书，字径3—5厘米，全文如下：

仙仁洞再塑再造序，杨亨义撰文。/天开混沌，斯洞已灵。宋有罗氏，鏨凿成形。左道右佛，/内敬观音，曰莲山洞。明初建庙，洞口建阁，视为后殿，/前置大殿，长七丈七、宽三丈三，左右厢房，僧尼各界。/清雍十年，高僧了然圆寂洞天，栩栩如生，金光罩体/四十九天，东侧营造七级浮屠，故此更名仙仁洞也。/巴南两县，独尊圣地。信徒千里，为捻一香。历有修缮，/均有记载。民国末期，香火鼎盛，庙宇雄伟，占地公顷。/每逢圣会，朝山拜佛，许还进香，络绎不绝。共和"文革"，/圣神遭劫，千年古刹，荡然无存。种因得果，何该报应。/今天方内贤善之士李新甫、李荣才捐资募化，/再塑再造，一呼百应，四方云动。今刻碑记，永垂千古。/会首简介，李公新甫，本境贤达，晓天文、通地理、精医术、善阴阳，男女齐/上大学，立志复古。李荣才"文革"中共支书，晚景不顺，幡然醒悟，早晚礼佛，观/音梦赐草药良方，搭救众生，今虽耄耋，不敢忘佛。/共和国五十八年丁亥岁孟秋月上浣，普灵书刊刻。

图3-129　T6"仙仁洞再塑再造序"（东北—西南）

此题刻为2007年所刻，题刻追忆仙人洞之历史，错误较多，如误将"仙人洞"刻为"仙仁洞"；误认为K1、K4为同时开凿，且均为罗南仲所凿；误认为仙人洞左侧之七级浮屠为清雍正十年造等，皆谬误远矣（图3-129）。

7.T7：仙人洞建阁序

T7位于K2左壁内侧，高159、宽121.5厘米，碑额楷书"福缘善庆"四大字，字径12—15厘米，正文计27行，楷书，字径3—5厘米。内容如下：

仙人洞建阁序/洞昉自宋绍兴间，高士罗南仲所凿，南仲有隐德，晚年学慕黄老，此盖其修养之所也。/今按所刻记洛诵之，尤仿佛可想其人。洞前供释迦牟尼一尊，洞内供观音大士/一尊，历元明至大清，四境蒙庥，有祈辄应。嘉庆丁丑夏，境众翕集，谋新构造，因其地/势，筑台丈余，与洞口接连，三面勒石及石梯十数级，建阁其上，以崇观瞻，兼辉金身以/昭严敬。爰各捐资并募化，远迩莫不雀跃，乐输倾囊，以赞其成。夫善由人作，而此阁之/造，人人协应若此，此诚敬礼神明，劝勉为善之一助乎？神道福善，书曰作善，降之百祥，/天人之间，固不远也。观乎此者，好善之心亦油然而生矣。则斯阁之成，岂徒壮一方之/大观乎哉？是不可以不书。本郡贡生雒文辉敬撰。

图3-130　T7"仙人洞建阁序"（西南—东北）

其后为数十个人名，此略不录。根据题刻内容可知，嘉庆丁丑年即嘉庆二十二年（1817年），洞口前曾修建阁楼，今已不存（图3-130）。

图3-131　T8（西南—东北）

8. T8

T8位于T7左侧，长方形，高115、宽79厘米，共20行，每列6个人名，楷体、竖书，此略去不录（图3-131）。

9. T9：罗氏莲山洞记

T9位于T8下方，长方形，高74.5、宽117厘米，共22行，楷体、竖书，字径3—5厘米（图3-132），全文如下：

罗氏莲山洞记/往空居士景拜撰/莲山罗高士讳琦，字南仲，隐君子也。察/其人，则达道于八表之外；抑其蕴，则胸/中万卷矣。极精于天文、地理、易数之学，/为众所钦恭。余绍兴岁在天渊，游来兹土，一睹高士风采。其春秋则皓首龙眉，/其德操则浑金璞玉。余屡至其家，家有/林泉花木之胜，常与当世王公大人交/信焉，为一时贤士之冠。综其德量高旷，/博通古今，岂不隐君子乎？谨按巴城之/西十里，其山镇曰：壬莲，高士乃挈家资/三十万缗，凿石洞于岩启间，去拟洞天/之式。两旁钻一小石堂，左奉道，右奉释，/就石镌像，凡六年而成功。高士衍黄老/长生之术于其中，则此洞之悠久无疆，/其金刚不坏毁之意乎？余故喜而言之，/实巴南亿万年之名胜耳。姑序其梗概，/以志不朽云。时绍兴岁在国朝重阳前/三日，道院书。/李遵泗重录。/大清道光二年五月中浣，龚廷荣、李映川重刊。

图3-132　T9"罗氏莲山洞记"（西南—东北）

10. T10

T10位于K3右侧，竖长方形，楷体，竖书，内容为："妙通居士罗讳南仲"（图3-133）。罗南仲其人，较早见载于明曹学佺《蜀中广记》[1]，其后巴州地方志文献亦有零星记载，如道光《巴州志》载：

> 罗南仲，《名胜志》云：平梁城下有平梁洞，妙通居士罗南仲所居，有石床、石灶。《旧通志》云：南仲工诗，隐居平梁山洞。《通志》误作唐南中，梁山亦误作凉仙。[2]

民国《巴中县志》亦载：

———————

① （明）曹学佺撰，杨世文校点：《蜀中广记》，上海：上海古籍出版社，2020年，第266页。

② 道光《巴州志》卷七《士女志·人物》，四川省地方志编纂委员会辑：《四川历代方志集成》第二辑，第4册，北京：国家图书馆出版社，2015年，第103、104页。

图3-133　T10（东南—西北）

图3-134　T12（东南—西北）

元，罗南仲，《名胜志》云：平梁城下有平梁洞，妙通居士罗南仲所居，有石床、石灶。《旧志》云：南仲，攻诗，隐于平梁山硐。[1]

结合T9、T10内容来看，罗南仲或为两宋之交时期人物。

11. T11

T11位于T10下侧，竖长方形，文字无存。

12. T12

T12位于T11下侧，竖长方形，高88、宽58厘米，共13行，楷书，字径2—4厘米，内容为仙人硐修造西廊圣像穿金募化功德记，人名略去不录，落款为"大清咸丰八年五月二十日"（图3-134）。

13. T13："瞻奇仰异"

T13位于仙人洞左侧崖壁上，长约13.5米，距地约5米，正文为"瞻奇仰异"四大字，字径约100厘米，落款为"咸丰二年夏"（图3-135）。

14. T14

T14位于T13下方，楷体、竖书，共3行，字径约5厘米，内容为"光绪/八年/冬"（图3-136）。

---

① 民国《巴中县志》第三编《人民志下·隐逸》，四川省地方志编纂委员会辑：《四川历代方志集成》第二辑，第4册，北京：国家图书馆出版社，2015年，第265页。

图3-135　T13"瞻奇仰异"（东南—西北）

图3-136　T14（东南—西北）

（三）浮雕石塔

此塔位于仙人洞左侧崖壁之上，先于崖壁上开龛，龛内造塔。龛高5.95、宽2.19米，塔下部宽1.25米，上窄下宽，从下往上逐渐内收。石塔现存5层，六角攒尖顶，塔底部二层残损较严重（图3-137）。

图3-137　浮雕石塔（东南—西北）

每层三面皆刻有文字，从上至下第一层正面刻"南无药师尊佛、南无释迦文佛、南无阿弥陀佛"，左侧面刻"文殊菩萨、普贤菩萨"，右侧面刻"观音菩萨、势至菩萨"（图3-138）。

第二层正面刻"皇图巩固、帝道遐昌，佛日增辉、法轮常转"，左侧面刻"菩提原无树，明镜亦非台"，右侧面刻"本来无一物，何处惹尘埃"（图3-139）。

图3-138　佛塔从上至下第一层（东南—西北）

图3-139　佛塔从上至下第二层（东南—西北）

图3-140　佛塔从上至下第三层（东南—西北）

图3-141　佛塔从上至下第五层右侧面纪年（西南—东北）

第三层正面刻"色即是空空即色，化身供养法身宅。今从何处觅华藏，宝塔亦如极乐园"，左右两面字迹风化严重，较难识读（图3-140）。

第四层文字风化严重，难以识读。第五层正面原为瘗窟，现大部残毁，左侧面亦残，右侧面残存"大清咸丰九年十月初六日"等文字，或为此塔开凿年代。综合来看，此塔或为瘗塔（图3-141）。

（四）字库塔

字库塔位于仙人洞正对面崖壁外端，四面三层，攒尖顶，塔刹已毁，残高284厘米，下层宽94厘米，从下至上逐级内收。顶层刻"永垂万古"四个双钩大字，字径15—19厘米。中层居中刻"释迦牟尼、观音大士位前钱库一座"，左侧刻"建立钱库，邀集众姓／二十二人同结／善缘，各出钱伍佰，／各米伍升，发心造／炉敬献"，右侧刻"嘉庆廿三年戊寅三月，匠师刘朝桂、黎从仁造"，字径3—5厘米。其下为人名，略去不录（图3-142至图3-144）。

图3-142　平梁洞前字库塔（北—南）

图3-143　字库塔底层正面文字（北—南）

图3-144　字库塔第二层正面文字（北—南）

（五）瘗窟

1. Y1

Y1位于K1右侧，长方形，宽98厘米、高28.5厘米、进深34厘米，空龛，内壁遍布凿痕（图3-145）。

2. Y2

Y2位于浮雕石塔右侧，双层。外宽52、高56、深3厘米，瘗穴内宽41.5、高47、进深45厘米，遍布凿痕。上部有"人"字形引水槽（图3-146）。

图3-145　Y1（东南—西北）

图3-146　Y2（东南—西北）

第四章

平梁城的

城防系统

第一节
平梁城的选址

　　巴蜀地区宋蒙山城的选址与水陆交通及山形地势关系十分密切。余玠构筑山城体系之时，充分考虑了四川地区的自然地理形势和军事战略形势。自然地理形势方面，余玠选择在水陆交通要隘之地择险筑城，采用"守点以守面"的防御模式，收缩兵力，重点布防，通过把控蜀地水陆交通重要节点的方式迟滞和抵御蒙古大军的进攻。因此余玠上任之后所增修和新筑的山城，或据蜀道，或临大江，或二者兼具，无不位于水陆交通之要隘。此外，余玠根据蒙古军队的战斗特点及军事战略形势的变化，构筑了多层次、立体化、重点突出的山城体系。各山城在不同的战略层级发挥着各自的特殊作用。就单个山城的具体选址而言，往往需要从微观视角考虑山形地势是否有险可守、是否有地可耕等重要因素。作为余玠山城体系的重要组成部分，平梁城的选址与其他山城的选址之间具有一定的共性特征，亦同时具备自身的特点。

　　从宏观战略形势上看，平梁城位于米仓道重镇巴州之近郊，控制着米仓道的主线枢纽之地，军事价值突出，战略地位极为重要。米仓道是沟通汉中平原与四川盆地的最近道路，其军事战略地位实不亚于金牛道。宋蒙战争时期，米仓道既是蒙古军突破南宋嘉陵江和渠江上游防线的重要突破口，亦是南宋反攻兴元的军事通道和扞蔽夔、峡地区的重要屏障，其军事地位在整个四川战区都极为重要。清人顾祖禹《读史方舆纪要》有曰："盖自兴元达巴州不过五百里，达巴州则垫江（即合州）以北尽皆震动，而阆州危难在肘腋间矣"[1]，可见米仓道及巴州之得失，在一定程度上关乎整个川东北地区的安危。在余玠构

---

① （清）顾祖禹：《读史方舆纪要》卷五十六《陕西五》，北京：中华书局，2005年，第2672页。

筑的庞大山城体系中，巴州平梁城、平昌小宁城、通江得汉城雄踞川东北渠江上游，坐镇于巴州域内米仓道主线和支线的关键节点之上，是宋蒙对抗的前沿阵线。文献中描述其形势曰"夔门峙其左、剑阁耸其右"[①]、"犄角利、阆，连横绵、剑，遮蔽东、西川，最为襟喉要害地"[②]。因此，无论对宋蒙双方哪一方来说，欲控制米仓道和渠江上游，平梁城等军事山城都是其无法回避之关键。

就微观地理形势而言，平梁山具备修筑山城的各项条件。首先，平梁城地势险要，环境独特，易守难攻，具备修筑军事要塞的先决条件，这在宋代以来碑刻、文献中早有记载。如南宋淳祐十一年（1251年）《平梁新城题名》中称平梁城"坐据要地，壁立万仞"[③]。明嘉靖《四川总志》卷六《山川》[④]、万历《四川总志》[⑤]均称平梁城山"四围石壁如城"。清巴州知州朱锡谷所撰《巴州志》记载更为详细："（平梁山）山形高大而上平阔，周数十里，俱悬崖峭壁，莫可扒（攀）援，惟四隅有小径可通上下，亦崎岖逼仄，不可驰骋。"[⑥]实地调查发现，平梁山既高又险，是巴蜀地区典型的桌状山，山腰以下为缓坡；山腰以上绝壁孤悬，高达数十米，山顶平面略呈五角星形，仅山脊处有小径可通山下，诚为"一夫荷戟，百夫不得前趋者，固天然之保障也"[⑦]。其次，平梁山顶部宽平，面积开阔，田土皆备，水源充沛，满足较长时间驻守和保聚的生产生活条件。笔者根据天地图等地图软件测量，平梁山顶部周长约4500米，面积约64万平方米，有地数十亩，土壤肥沃，有面积较大的水塘多

① 民国《巴中县志》第四编《志余上·古迹》，四川省地方志编纂委员会辑：《四川历代方志集成》第二辑，第4册，北京：国家图书馆出版社，2015年，第333页。

② （宋）王象之撰，李勇先校点：《舆地纪胜》卷一百八十七《巴州》，成都：四川大学出版社，2005年，第5472、5473页。

③ （清）刘喜海：《金石苑》，《石刻史料新编》第一辑，第九册，台北：新文丰出版公司，1982年，第6476页。

④ 嘉靖《四川总志》卷六《山川》，明嘉靖刻本。

⑤ 万历《四川总志》卷十一《山川》，明万历刻本。

⑥ 道光《巴州志》卷一《地理志·山川》，四川省地方志编纂委员会辑：《四川历代方志集成》第二辑，第4册，北京：国家图书馆出版社，2015年，第38页。

⑦ 道光《巴州志》卷首《图》，四川省地方志编纂委员会辑：《四川历代方志集成》第二辑，第4册，北京：国家图书馆出版社，2015年，第25、26页。

图4-1　航拍平梁城山顶形势（北—南）

处，四时不竭，战时可承载相当数量的军民生产生活。历代文献中，亦对此有深刻认识。如明邵捷春《古平梁山寨歌》有言："崖顶三池清且列，高下宜黍亦宜稻。"[1]雍正《四川通志》卷二十三《山川》载："其上平坦，有地数十亩，居民数户，古寺、龙泉二水，四时不竭。"[2]道光《巴州志》亦有言曰："四周皆悬崖峭壁，仅微径可上。既入城，则平野豁然矣。"[3]其三，平梁城靠近巴州治所，既便于战时迁徙，亦利于平时保聚。历代文献记载中，皆言平

① 道光《巴州志》卷八《艺文志上·诗》，四川省地方志编纂委员会辑：《四川历代方志集成》第二辑，第4册，北京：国家图书馆出版社，2015年，第128页。

② 雍正《四川通志》卷二十三《山川》，四川省地方志编纂委员会辑：《四川历代方志集成》第四辑，第2册，北京：国家图书馆出版社，2017年，第370页。

③ 道光《巴州志》卷首《图》，四川省地方志编纂委员会辑：《四川历代方志集成》第二辑，第4册，北京：国家图书馆出版社，2015年，第25、26页。

梁城位于巴州州治西部或西北方向，或曰"二十里"，或曰"二十五里"。实际调查来看，平梁城位于巴州西北方向，东南距巴州城区直线距离仅约4千米，公路里程约11千米，与文献记载基本符合。如此距离，平时巴州军民可照常生活与耕作，战时则可迅速入城保聚，提高防守效率。有险可守，有地可耕，交通便利，攻守兼备，才使其成为巴州军民避乱保聚的一方固垒（图4-1）。

第二节
城防设施断代及时空分布

自宋末以来七百余年，平梁城几经兴废，其城防设施保留了多个历史时期的修筑痕迹。对遗址内现存的城防设施进行断代并分析其时空分布等问题，有助于探讨平梁城不同历史时期的城防系统构筑等问题。

一、城墙

城墙是平梁城城防设施的重要组成部分，据实地调查，平梁城遗址内现存城墙总长近4000米。不同区域城墙所采用的城墙石形制以及砌筑方式等体现出不同的时代风格，可作为分期断代的参考依据。

（一）城墙石形制
根据城墙石形制及加工方式的差异，可分为A、B两型。
1.A型：楔形城墙石
城墙石形制呈楔形，体量较大，长80—120厘米不等，切面分大、小头，30—60厘米见方，部分特殊区域作为嵌合构件的城墙石虽整体仍为楔形，但外切面被加工为梯形或"凹""凸"形。大头切面加工较为精细，錾痕以斜纹为主，另见部分为"人"字纹，其余平面加工较为粗糙（图4-2至图4-4）。

图4-2　内西门左侧散落之A型城墙石

图4-3　西门角台顶部A型城墙石

图4-4 北门至严公台西侧段城墙A型城墙石切面斜纹錾痕（西北—东南）

2. B型：长方形城墙石

城墙石形制为长方形，切面大致呈方形，无大小之分，通体窄长，形制规整，长度100—150厘米不等，部分较短，切面高、宽20—40厘米。城墙石整体加工较为精细，錾刻纹路主要为细密竖条纹，零星可见斜纹（图4-5）。

图4-5 西门角台至内西门段城墙中的B型城墙石（西南—东北）

（二）砌筑方式

平梁城城墙均依崖而建，由于各区域具体地形及防御目标有所差异，修建城墙的方法亦有区别，既有单面包砌，亦有双面包砌（图4-10）。单面包砌是平梁城城墙的主要修建方法，即根据崖壁走向凭险筑墙，城墙只有外立面，内则填充碎石、泥土，抬升地面。双面包砌仅在西门角台、中东门左右和猫儿墩角台附近出现，即除了砌筑外立面外，城墙内部也以石材包砌，居中仍以碎石和泥土填充，形成高出城内地表1米有余的女墙。就具体砌筑的方式而言，大致可分为丁砌和顺砌两种。

1.丁砌筑法

丁砌筑法即以城墙石短切面为外立面，长切面为城墙厚度，逐层垒砌而成。主要对应A型城墙石（图4-6至图4-8）。砌筑之时，先于崖壁顶部边缘位置平整基础，如遇岩体则开凿基槽，城墙石大头向外，小头向内，逐层垒砌，城墙自下而上逐步内收，略带倾斜度。由于A型城墙石大头切面加工精细，故砌筑而成的城墙外立面亦光滑平整，缝隙较小。部分区域城墙石外切面刻意加工成梯形或"凹""凸"形，以类似榫卯的结构嵌合在一起；南门等区域部分城墙石缝隙之间还发现使用黏合剂的现象，其目的均在于增强城墙的稳固性。

图4-6　西门角台区域丁砌筑法城墙剖面（东北—西南）

此外，内西门、内东门右侧部分城墙，北门左侧至严公台西侧部分城墙亦零星使用B型城墙石丁砌垒筑，城墙直立不带倾斜度。此类城墙虽砌筑方式仍为丁砌，但多分布于城墙缺口处或叠压与A型城墙石丁砌而成的城墙之上。

图4-7　内西门左下侧丁砌城墙剖面（东—西）

图4-8　内西门左下侧典型丁砌城墙外立面（西南—东北）

2.顺砌筑法

顺砌筑法主要对应形制规整、规格较为统一的B型城墙石。以城墙石长切面为外立面，短切面为城墙厚度，沿崖壁边缘逐层错缝顺砌。因城墙石方正规整，故城墙陡直而立，不带倾斜度。平梁城遗址内此类筑法的城墙体量较小，仅内西门右侧城墙局部、西门至南门段城墙局部，以及内东门右侧城墙局部有零星分布（图4-9）。

从城墙石的分布来看，平梁城城墙以A型城墙石为主要类型，现存绕城一圈的城墙主体结构均大部采用A型城墙石。仅西门角台至内西门城墙中段、西

图4-9　西门角台至内西门之间顺砌筑法城墙局部（西南—东北）

图4-10　西门角台顶部双面包砌城墙局部（东—西）

135

门至南门城墙顶部、内东门右侧城墙上部、北门至严公台西侧部分城墙顶部等区域零星使用B型城墙石，略作补充。根据A、B两型城墙石的叠压打破关系来看，使用A型城墙石砌筑而成的城墙多位于城墙下方，年代较早，而B型城墙石砌筑的城墙多位于城墙缺口处，或叠压于A型城墙石砌筑的城墙之上，年代明显较晚，多作为A型城墙石的补充。对应砌筑方式而言，以A型城墙石丁砌而成的城墙亦明显早于以B型城墙石丁砌或顺砌而成的城墙。

因A型城墙具有一头大、一头小的形制特征，以其丁砌而成的城墙往往自下而上逐层收分，此类城墙并非平梁城独创。考古调查发现，巴蜀地区此类城墙石多见于宋代城防中，如南充青居城[1]、泸州神臂城[2]、合川钓鱼城[3]、金堂云顶城[4]、平昌小宁城[5]、自贡虎头城[6]，以及重庆朝天门出土宋代城墙[7]等，均常见A型城墙石，且多为丁砌筑法（图4-11）。事实上，城墙收分之法，在宋代已为常制，如宋代建筑文献《营造法式》中即有明确记载：

筑墙之制，每墙厚三尺则高九尺，其上斜收，比厚减半。若高增三尺，则厚加一尺，减亦如是。[8]

由此观之，平梁城遗址内以A型城墙石丁砌筑成的城墙应为南宋末年张实筑城之遗迹。

使用B型城墙石，采用顺砌筑法修筑而成的城墙在巴蜀地区常见于清至民国

[1] 符永利、罗洪彬、唐鹏：《四川南充青居城遗址调查与初步研究》，《西华师范大学学报》（哲学社会科学版）2015年第2期。

[2] 蒋晓春、林邱：《泸州神臂城宋代城防设施调查简报》，《西华师范大学学报》（哲学社会科学版）2017年第4期；蒋晓春、林邱：《宋代泸州神臂城城防体系分析》，《中国国家博物馆馆刊》2017年第9期。

[3] 蔡亚林：《重庆合川钓鱼城城防设施的考古学观察》，《四川文物》2018年第5期。

[4] 符永利、周南西、付蓉：《云顶城军事遗迹的调查与初步认识》，《长江文明》2021年第1期。

[5] 刘禄山、罗洪彬、蒋晓春：《四川平昌县小宁城遗址调查简报》，《四川文物》2019年第1期。

[6] 罗洪彬、赵敏：《四川富顺虎头城遗址调查及初步研究》，《西华师范大学学报》（哲学社会科学版）2019年第4期。

[7] 蔡亚林：《朝天门城墙遗址》，《红岩春秋》2017年第12期。

[8] （宋）李诫：《营造法式》卷三《壕寨制度》，上海：商务印书馆，1933年。

鹅顶堡宋代城墙

平梁城丁砌城墙

青居城宋代城墙

虎头城宋代城墙

图4-11　平梁城丁砌城墙与鹅顶堡、虎头城、青居城宋代城墙对比

时期寨堡中。平梁城遗址内此类城墙分布较少，主要作为宋代城墙之补充，或叠压于宋代城墙之上，当为清代利用平梁城时，对宋代城墙进行的增修补筑。

二、城门

宋元以来历代文献关于平梁城的记载颇多，但涉及城门、城墙等具体设施的内容迟至清代才见诸文献。道光《巴州志》引《志稿》云："城高一丈，周数十里，四隅有门，门皆三重。"①其后《金石苑》②等文献亦引此说。值得

①　道光《巴州志》卷三《建置志下·古迹》，四川省地方志编纂委员会辑：《四川历代方志集成》第二辑，第4册，北京：国家图书馆出版社，2015年，第70页。
②　（清）刘喜海：《金石苑》，《石刻史料新编》第一辑，第九册，台北：新文丰出版公司，1982年，第6476页。

注意的是，道光《巴州志》卷首所绘《平梁城图》中，详细标注了平梁城城防设施，其中东、西二门各有两道城门，以城墙相连，形成瓮城结构；南、北二门均只有一道城门①，与所引《志稿》略有差异。笔者通过实地调查及采访城内居民发现，目前平梁城遗址中的东、西二门各有三道疑似城门的遗迹，符合《志稿》所载，而比《平梁城图》各多一道城门。而南、北二门各仅一重，与《平梁城图》吻合而异于《志稿》。另，水寨门、卡门均不见文献记载。可见不同历史时期，平梁城城门的设置是有所变化的。

平梁城城门的地面建筑均已毁坏不存，仅凭地面调查难以确定各城门的形制特征和时代。但作为平梁城环形防线上的重要节点，城门的分布与各时期城墙的走向有密切关系。所以，根据平梁城现存城墙的走向及时空分布情况，仍能大致推测各城门的修筑年代。现有迹可循的城门遗迹中，北、南二门左右连贯城墙均以A型城墙石丁砌而成，宋代特征明显，城门亦应为宋代遗迹。东、西二门各有三重，其中内东门、中东门左右城墙主体均为宋代城墙，仅部分城墙垮塌缺口或上部为明清时期补砌，故内东门、中东门当为宋代遗迹，两座城门之间的瓮城结构应在张实筑城之时所规划建造，并且很可能沿用至清代中后期。道光《巴州志》所绘《平梁城图》中的东门瓮城极可能就是表现内东门与中东门之间区域。而位于金锁关一带的外东门与中东门、内东门均距离甚远，其间并无连贯城墙相连，不排除为清代中后期增设。西门区域，内西门、外西门左右皆有丁砌城墙相连，当为宋代遗迹，内、外西门之间通过崖壁及城墙合围而成类似东门区域的瓮城，与《平梁城图》所绘相符。而中西门所在位置内倚崖壁，外临高坎，地形逼仄，左右无城墙相连，类似卡口，不排除为清代增设。水寨门左右城墙虽为丁砌筑法，但右侧城墙稍显杂乱，似有改动，且《平梁城图》中未标注此门，或为清末民国时期增设。另，此寨门地处低洼之地，内近堰塘，结合名称及所处位置等推断，不排除为水门一类的设施。南门与饮马池之间的卡门，是在宋代城墙之上开辟而成，规模较小且砌筑方式不同于其他城门，当为后世新开。此处下有小道可通平梁洞，不排除是城内居民为方便

---

① 道光《巴州志》卷首《图》，四川省地方志编纂委员会辑：《四川历代方志集成》第二辑，第4册，北京：国家图书馆出版社，2015年，第25、26页。

赴平梁洞而开辟。综上所述，北、南二门，内外西门及内东门、中东门当为宋代所建，外东门、中西门、水寨门及卡门均年代较晚，当为清代迁治平梁城时或更晚的民国时期增设。

另有一事值得注意，据考古发现，巴蜀地区现存宋代山城城门多为券拱形[①]，平顶形城门多见于清代中后期及以后。同属巴州的小宁城保存的三座宋代城门均为券拱形，另有两座清代城门均为平顶形，可作参考。[②]然而从《平梁城图》所绘城门形制来看，至迟在清道光年间，平梁城城门形制已全部变为平顶形。结合文献所记载的元初毁城行动，及嘉庆年间田文煦增筑平梁城之史事，笔者推测平梁城宋代城门或于元初全被拆毁，明清利用平梁城时，尤其是嘉庆年间再迁巴州治所于平梁城时，在原城门基础上进行了复修改建，形成了《平梁城图》所绘制的带有清代风格的城门形制。

三、角台与马面

西门角台、猫儿墩角台附近超出城内地表的双面包砌城墙，其外立面与前述宋代城墙连为一体，当为同期筑成。内侧城墙砌筑方式稍异，不排除在清代或民国时期有过增修，作为热兵器时代掩体使用。半圆形角台、敌台等设施在巴蜀地区宋蒙山城中并不罕见，如泸州神臂城[③]、广安大良城[④]、平昌小宁城[⑤]、苍溪鹅顶堡[⑥]等均有不少实物发现，可作断代参考（图4-12）。平梁城现存的近二十处马面，与城墙一体筑成，所用城墙石形制、规格及砌筑方式均一致，当同为宋代遗迹。

---

① 相关研究参见蒋晓春：《四川现存宋代山城城门调查简报》，《中国国家博物馆馆刊》2022年第6期。

② 刘禄山、罗洪彬、蒋晓春：《四川平昌县小宁城遗址调查简报》，《四川文物》2019年第1期。

③ 蒋晓春、林邱：《泸州神臂城宋代城防设施调查简报》，《西华师范大学学报》（哲学社会科学版）2017年第4期；蒋晓春、林邱：《宋代泸州神臂城城防体系分析》，《中国国家博物馆馆刊》2017年第9期。

④ 罗洪彬、蔡东洲、蒋晓春：《巴蜀宋元城堡——大良城》，成都：巴蜀书社，2019年，第86—89页。

⑤ 刘禄山、罗洪彬、蒋晓春：《四川平昌县小宁城遗址调查简报》，《四川文物》2019年第1期。

⑥ 蒋晓春、蔡东洲、符永利、罗洪彬：《巴蜀地区宋蒙山城遗址考古调查与研究》，北京：学院出版社，2024年。

鹅顶堡宋代角台

平梁城西门角台

神臂城宋代角台

小宁城宋代角台

图4-12　平梁城西门角台与鹅顶堡、小宁城、神臂城宋代角台对比

综上所述，平梁城现存城墙、城门、角台、马面等城防设施以宋代遗迹为主，清代仅有局部维修和增补。

第三节
城防系统的构成及变迁

通过对平梁城城防设施的断代，可大致勾勒宋元以来平梁城城防系统的构成及演变情况。

一、城防系统的构成

张实构筑平梁城城防之时，充分利用了平梁山"四围石壁如城"的险要地

图4-13　平梁城饮马池东南部崖壁局部（南—北）

势，依山崖走向构筑城墙、城门、角台、马面等各类城防设施，形成了自然天险与人工设施互为补充，环形防线、关键防御点及重点防区有机结合的坚固城防系统（图4-13）。

（一）环形防线

平梁城环形防线以自然崖壁和人工砌筑的城墙构成。前文已述，平梁山为典型的桌状山脉，四围高达数十米的悬崖绝壁正是平梁城的天然防线。城西及城东南二层台区域，更有内外两层陡崖，为张实筑城提供了天然优势。平梁城修筑之时，充分利用了地形条件，虽城墙绕城一圈，但不同区域的城墙体量大有差别。如崖壁陡直高耸之处，城墙体量相对较小；而地势较低洼的山湾区域，则修筑了大体量的城墙以补天然地势之所缺。部分区域还在城墙之下开山采石，既方便就地取材，节省工费；又可通过采石修整崖壁，增加山险。在防线的设置过程中，亦颇为灵活，如城墙大部沿山顶崖壁边缘延伸，但城东南区域则下至山腰沿二层台边缘延伸，其目的或在于将城东南二层台纳入城防系统之内，一则可以增强防御有效性，二则可以增加城内可耕种土地面积，提高城内承载力。城墙延伸至饮马池附近时，由于二层台面积大为缩小，且地势愈险，故城墙复沿山顶延伸。西门、东门区域则充分根据周围地形，设置了多层防线。

可以说，平梁城长达4000余米的环形防线，是由人工砌筑的城墙与自然天险有机结合、共同构成的，而因地制宜、因山设险的修筑理念，正是平梁城得以在短短两个月余就完成修筑的重要原因之一。

（二）关键防御点

平梁城防御点主要包括城门、角台及马面等点状防御设施。平梁城周长4000余米，崖壁曲折回环，视线阻隔，单靠环形防线难以起到面面俱到的防守效果。平梁山有五条外凸山脊，仅东、南、西、北四处山脊有小径可通城外，因此张实筑城之时，重点增强了这些点位的守御能力，在四隅小径之上设城门以控出入；于地势高耸、视野开阔的西门山脊、猫儿墩山脊处设角台以观敌情；在城墙之上每隔数十米设一马面，以张耳目。这些城门、角台和马面的设置是张实综合考虑了平梁山的地势特征及防御侧重等因素之后，通过系统规划和建设而成，是平梁城城防系统中与环形防线相辅相成的关键防御点。这些关键防御点并非孤立存在，而是以环形防线为线索有机串联在一起，相互配合，形成一个个防御重点突出的防区。

（三）重点防区

从城防设施的分布来看，张实在构筑平梁城城防系统时当有所侧重，而非均匀布防。平梁城东、南、西、北均可与外界相通，但东门山脊地近米仓古道及巴州旧治，西门山脊与枣儿塘相望，靠近恩阳河，远可通利、阆，其重要性明显高于城内其他区域，无疑是平梁城城防系统中重点设防的区域。这一点在文献中亦有反映，如道光《巴州志》所绘《平梁城图》中，城东、城西各有两重城门，设有双层防线，并合围而成瓮城；而城南、城北均只有一座城门，仅设单层防线。实地调查发现，城东、城西区域确实城防设施分布更为密集，亦印证了文献所载非虚。

二、宋元以来城防系统的变迁

综合上述分析及推论，平梁城城防系统自宋末筑城之时便已基本完备，保留至今的围绕山顶崖壁及城西、城东南二层台边缘的环形防线，东、南、西、北四处城门及角台等重点防御点，以及东、西两处重点防区均构筑于这一时期。从城防遗迹的时空分布来看，宋代城防系统范围主要凭借平梁山山顶及城西、城东南二层台区域构筑，防线设置灵活、防御重点突出，奠定了其后七百余年城防系统的基本格局。

杨大渊、杨文安占领平梁、小宁、得汉三城后，将此三城作为用兵开、达及夔、万地区的前沿基地。作为进攻一方，应以沿用旧有城防为主，不必大费周章增筑城防，故蒙古军占领期间，平梁城的城防系统应该并无变动。至元朝占领整个四川地区、统一全国之后，对于巴蜀地区山城寨堡进行了较大规模的拆毁行动，但文献中未明确平梁城在镇守之列还是拆毁之列。至少从遗址内现存城防遗迹的时空分布等判断，平梁城宋代城墙、角台、马面等设施并未受到元朝毁城行动的破坏，唯城门不知是否毁于此时。元朝定鼎之后，将巴州迁回旧治，平梁城即荒废了。至明代中后期，鄢蓝起义及张献忠乱蜀时期，平梁城应再次发挥作用，这在文献及碑刻题记中有所反映，当无大谬。但从现存地面遗迹的调查情况来看，目前平梁城遗址内除邵捷春《古平梁山寨歌》可确定为明代遗存外，暂无明确为明代的城防遗迹，推测明代可能以沿用宋代城防系统为主，并未加以改变，是否有明代城防设施埋藏于地下，尚待考古勘探及发掘验证。

清嘉庆年间，为避白莲教军，巴州知州常发祥、田文煦先后迁驻平梁城，并移衙署及大军粮台于其上，凭险保聚长达八年之久。至咸同时期，为避李蓝起义军，再度维修平梁城。结合文献及现存遗迹现象推断，清代多次利用平梁城，仍以宋代城防系统为主体，但有所增益，主要包括以下几个方面：

第一，修复宋代城防系统缺漏之处。调查发现，西门角台至内西门之间、内东门右侧、中东门下侧、北门至严公台西侧、严公台西侧至西门角台之间部分宋代城墙上均零星发现晚期修补或加筑痕迹，修补处城墙石材规格、形制、加工方法及城墙砌筑方法等均带有明显的清代风格，应即清代利用平梁城时所修补。此外，前文已述《平梁城图》显示至迟在清代道光年间，平梁城各城门似亦经历过原址重建或改建。

第二，新增了部分设施。前文已分析，调查中发现的水寨门、卡门、外东门、中西门等设施均未见于道光年间所绘《平梁城图》中，推测或为清末民国时期利用平梁城时基于现实需要而增设。除军事城防设施外，巴州知州田文煦还于城内修真武宫，以满足城内军民精神需求；复修鸿禧寺以作学堂之用，以文风壮平梁；于严公台筑亭，以严将军之事迹激励城内军民拒敌守土之心，实为精神层面的防御建构。

第三，适当扩展了平梁城城防系统的范围。从道光年间所绘《平梁城图》来看，清代除了进一步完善和利用宋末在平梁山范围内构筑的城防系统外，还有向平梁山外围扩展的趋势。如在外西门西南方约850米狭窄山脊上设有塘汛，即枣儿塘；城外东北方有接印台，传为额勒登保受印之处。城外部分地名亦似与军事有关，如平梁城外东南部有地名曰擂鼓台，城外平梁镇西北有火炮村等。此外，据道光《巴州志》载，嘉庆五年（1800年），"流匪鲜大川复扰州东，破造山寨、玉城寨，又攻楼台寨，围巾字寨粮站，文煦遣平梁城乡勇三百名驰救之，乃全"[1]。可见平梁城与周边城寨之间还形成了守望相助的攻守同盟，此亦可视作城防系统外扩的表现。综合来看，清代平梁城城防系统虽然主要承袭宋代，但又不完全局限于宋代城防范围，而有根据战争形势需要逐步外扩的趋势。

---

① 道光《巴州志》卷五《文职》，《职官志·文职》，四川省地方志编纂委员会辑：《四川历代方志集成》第二辑，第4册，北京：国家图书馆出版社，2015年，第91页。

第五章

平梁城与四川
宋元山城体系

第一节
平梁城与南宋米仓道—渠江防线

宋蒙战争初期，蒙古军入蜀的主要通道是金牛道和嘉陵江，因此在四川山城体系的构建过程中，余玠非常注重对蜀道和水路的掌控，尤其重视对金牛道和嘉陵江水道及其支流沿线的布防和控制。在他早期修筑的重要山城中，大部分均位于金牛道、嘉陵江及其支流沿线（图5-1、图5-2）。

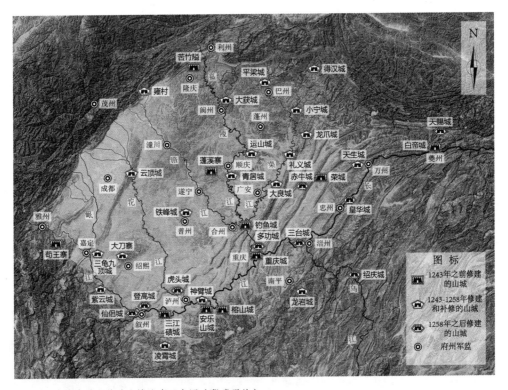

图5-1　南宋各阶段修建山城分布示意图（邱瑞强绘）

渠江是嘉陵江的重要支流,其上连米仓,下通合、渝,串联巴、渠、开、达之地,屏蔽梁、万、云、夔之区,战略地位非常重要。尤其在余玠制阃重庆,并以钓鱼城为军事核心构建山城体系后,渠江便成为扦蔽合、渝和夔峡地区的重要防线。鉴于渠江的重要性,余玠上任之初即任用播州冉氏兄弟在渠江下游增筑钓鱼城,并在渠江中游修建大良城和小良城,加强了渠江沿线的防御力量。然而渠江以北的米仓道及位于米仓道南部的巴州地区在这一时期并没有得到足够的重视,亦未修筑山城,因此蒙古大军经常以兴元府为基地由米仓道南下进攻巴州,或东出开、达,进窥东川,或沿巴河南下,骚扰渠江下游诸城,给南宋山城体系造成了巨大威胁。在这一过程中,宋廷逐渐意识到掌控米仓道的重要性。加之余玠决定北伐兴元,米仓道及巴州地区的战略地位陡然上升。

自淳祐五年(1245年)开始,余玠开始亲自指授规划巴州三城的修建,为夺回米仓道控制权,收复兴元做准备。至淳祐十一年(1251年)平梁城修筑完成之后,南宋初步构建起米仓道至渠江一线的防线。宝祐三年(1255年),蒲择之命张资于渠州三汇建礼义城及大、小斌山,又进一步完善了米仓道—渠江防线。在这条防线中,巴州平梁城雄踞米仓道主线之侧;平昌小宁城坐镇通江河与米仓道支线交汇之所;通江得汉城控守洋壁道、汉壁道南下川东北之要道,基本上控制了由汉中平原翻越米仓山至川东地区的几条主要通道,属于米仓道—渠江防线的前沿要塞。三城之南,达州龙爪城扼守东川门户;礼义城及大、小斌山坐镇三汇,扼守渠江之咽喉;大良、小良二城钳守渠江中游,共同形成了对渠江中上游水陆要冲的掌控,属于米仓道—渠江防线的纵深要塞。下游则有钓鱼城坐镇后方,与嘉陵江、涪江、长江沿线诸城沟通往来。米仓道—渠江防线是南宋继嘉陵江防线之后建立的又一条纵贯南北的重要防线。防线上的各座山城分守要隘,以渠江水路串联沟通,在防御蒙古军沿米仓道及渠江南下合、渝,窥伺川东等方面起到了一定的积极作用。而平梁城镇守米仓道南下之主线,又为巴州侨置之所,一度是巴州三城中地位最高的山城。在蒙古军多次沿米仓道南下进攻的军事行动中,平梁城均首当其冲,是米仓道—渠江防线中当之无愧的前沿要塞。

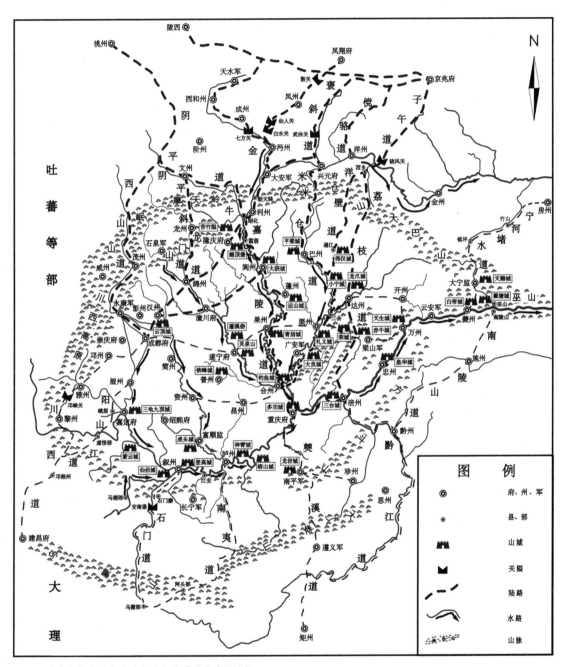

图5-2 南宋山城体系与水陆交通之关系（邱瑞强绘）

第二节
平梁城与宋蒙东川战局

平梁城等巴州三城未修筑之前，米仓道沿线诸州几乎无险可守，蒙古军翻越米仓山后可以很轻易地突入巴州地区，并驰骋于东川地区。嘉熙元年（1237年）和嘉熙三年（1239年）蒙古将领塔海绀卜接连进攻东川地区，并且一度攻破开州、万州、夔州等地，兵锋直指瞿塘，便是典型例证。宋蒙战争全面爆发后，至淳祐五年（1245年）南宋修筑小宁城之前，蒙古军数次出兵劫掠巴州，窥伺东川。尽管淳祐三年（1243年）知巴州向佺、钤辖谭渊等人率领宋军在巴州白土坪击败过蒙古军，但并未从根本上改变南宋在东川的被动局面。如两年后蒙古军再度来袭，就攻破了巴州，权知巴州的地方长官何震之都战死于城下。[1] 虽然余玠在淳祐四年（1244年）以前已初步构建起覆盖川渝地区的庞大山城体系，并且取得了一些战果，但当时渠江上游的米仓道沿线以及东川地区并没有被纳入山城体系中，南宋在这一区域的守御力量仍然薄弱。可以说，从整个巴州乃至东川战局来看，当时南宋没有办法有效阻滞蒙古军对东川的奔袭。

淳祐五年（1245年）至十二年（1252年），余玠先后在巴州米仓道主线及支线水陆要冲之地修筑小宁、得汉、平梁三城，东川战局有了新的变化。首先，余玠以巴州三城为基地，开始反守为攻，实行北伐汉中的军事行动。尽管他最终的北伐进军路线没有选择米仓道，但通过修筑巴州三城确实控制了米仓道南端、渠江上游的水陆要冲，为其北伐行动免除了后顾之忧，所以尽管余玠最终北伐失利，但凭借平梁、小宁、得汉、大获、苦竹等山城对米仓道、金牛道的把控，仍能从容退守四川。其次，平梁城等巴州三城的修筑，在一定程度上改变了东川地区无险可守的尴尬局面。自淳祐十一年（1251年）平梁城筑成至开庆元年（1259年）的八年间，蒙古军先后四次分兵进攻巴州平梁城，均折戟而返，这在一定程度上牵制了蒙古军对钓鱼城及东川地区的进攻。

---

① （元）脱脱等：《宋史》卷四十三《理宗三》，北京：中华书局，1977年，第832页。

　　宝祐六年（1258年），蒙古兵分三路大军南下攻蜀，蒙哥亲率一军沿金牛道、嘉陵江长驱直入，先后攻破苦竹隘、安西堡、鹅顶堡，招降大获、运山、青居等重要山城，兵围钓鱼城。沱江流域的云顶城，涪江流域的铁峰城等亦落入蒙古军之手。经此一战，"八柱"之中已有五座陷落，余玠苦心构筑的嘉陵江防线全线崩溃，川中大部沦陷，米仓道—渠江防线成为南宋守御合、渝及东川地区的最后屏障。然而宝祐六年（1258年），随着嘉陵江流域诸城的陷落，镇守渠江中游的大良城亦举城降蒙，摇身一变成为蒙古"四帅府之一"，切断了钓鱼城与米仓道、渠江上游诸城的联系。渠江饷道被切断，米仓道沿线的平梁、小宁、得汉，渠江上游的礼义、龙爪等山城虽仍在宋军控制之下，但难以同钓鱼城、重庆城形成有效应援，南宋在东川战局中再度陷入被动。尽管宋将全汝楫在景定二年（1261年）率军收复了大良城，但渠江上游诸城已逐渐成为孤立据点，最终为蒙古军逐个击破。

　　忽必烈即位之后，南宋降将杨大渊献"据夔取蜀"之策，并成为这一计策的具体施行者。其后，杨大渊、杨文安叔侄成为蒙古军攻掠东川的主要力量。元中统元年（1260年）之后，杨大渊叔侄一方面实施"以城制城"的策略，率军在渠江中下游地区修筑虎啸城，以围逼大良城，将南宋米仓道—渠江防线拦腰截断，令上游宋军诸城陷入孤立无援之境地。杨大渊还以虎啸城为基地，随时出兵进攻梁山、忠、万、开、达等地，使宋军"民不得耕，兵不得解甲而卧，每饷渠，竭数郡兵护送，死战两城之下始克入"[1]。另一方面杨大渊叔侄以东川帅府之兵频繁进攻巴、渠、开、达地区，对平梁、礼义、小宁、得汉等宋军关键山城实施各个击破，以期打通川东门户，直驱夔峡。宋理宗景定三年（1262年），杨大渊、杨文安叔侄两次进攻巴、渠地区，最终攻占了平梁城，小宁城也大致陷落于此时。平梁、小宁陷落之后，得汉城成为孤岛，宋军多次支援得汉城均被杨文安叔侄击败，守将向良及其他官吏的家属亦被杨文安俘获，咸淳元年（1265年），得汉城守将向良以城降，巴州三城全部落于蒙古之手。

　　平梁城等巴州三城被杨大渊叔侄攻占之后，渠江上游仅剩龙爪、礼义二

---

① （元）脱脱等：《宋史》卷四百五十一《张珏传》，北京：中华书局，1977年，第13281页。

城孤立困守，下游仅剩钓鱼城一座孤岛，而大良城则在宋蒙拉锯争夺之中，至此东川门户大开，南宋米仓道—渠江防线名存实亡，再也无力阻止蒙古军东进夔峡，杨大渊叔侄东进夔峡之军事行动从此再无后顾之忧。早在元中统三年（1262年）进攻巴渠开达之时，杨文安就在开、达之间创筑了蟠龙城"以据夔、达要路"，作为战略基地，其后又"筑方斗城，以为蟠龙声援"，成为宋军山城体系的腹心之患。占领巴州三城后，杨文安以地近达州的小宁城为临时基地，大举进攻开、达地区，并依托先前修筑的蟠龙、方斗等城寨，向梁山及夔、万地区步步推进，在开、达、夔、万、忠一线与宋军展开了长达十余年的拉锯战，最终在元至元十五年（1278年）遣部将王师能与川西、荆湖三路元军迫降白帝城，实现了对夔州路的完全占领。

综上所述，平梁城虽非余玠修筑的首批山城，但作为南宋极为少见的为实现反攻军事目的而修筑的山城，其价值之大不言而喻。平梁城坐据要地，是南宋掌控米仓道与渠江上游的重要堡垒，堪称米仓道—渠江防线的前沿要塞。凭借险要的城防和独特的战略位置，平梁城有效地策应了余玠的北伐行动，并多次截击由米仓道南下的蒙军，在一定程度上牵制了蒙古军的兵力。在南宋嘉陵江防线全面崩溃后，以平梁城为代表的巴州三城以及渠江沿线诸城成为抵御蒙古军进攻东川的坚固堡垒，使蒙古军多次进攻东川的军事行动折戟而归，在一定程度上保障了东川诸州的安全。对于蒙古军而言，平梁城等城堡的存在是其东出夔峡的掣肘之危，要实现攻占夔州路的战略目标，必须首先攻下平梁城等渠江上游诸山城，以免除后顾之忧。事实也正如此，蒙古军占领巴州三城后，得以集中力量进攻东川，最终实现了其"据夔"的战略目标。可以说，平梁城等渠江上游山城是四川宋元山城体系的突出代表，其存在历史深刻地影响着宋蒙东川战局乃至整个四川战区的局势变化。

结　语

自宋代始建至今近八百年来，平梁城凭借其特殊的地形地貌和有利的战略区位，先后经历了宋蒙战争、明清乱局和国共对峙等重大历史事件，成为数百年来扼守米仓要道的军事堡垒和官民躲避"动乱"的港湾。宋蒙战争时期，平梁城是四川宋元山城体系的重要组成部分，与小宁城、得汉城等山城一起构成了南宋米仓道—渠江防线的前沿阵地，多次成功抵御蒙古大军自米仓道而来的正面进攻，在一定程度上牵制了蒙古兵力，减轻了钓鱼城和夔路诸州的军事压力。明清乱局时期，平梁城又多次成为护佑巴州军民生命财产安全的坚固堡垒。嘉庆白莲教起义席卷巴州，平梁城更成为巴州侨置之地及大将额勒登保驻军屯粮之所，为川东北社会的稳定作出了巨大贡献。国共对峙时期，徐向前等红军将领在平梁城与国民党反动军队展开激烈战斗并取得最终胜利，成功解放巴州，为红色革命的胜利推进写下了浓墨重彩的一笔。可以说，平梁城见证了川东北乃至整个四川地区自宋代以来的兴衰治乱史，是巴州地区近八百年历史的缩影。

平梁城遗址历史悠久、遗迹众多，是巴州乃至四川地区非常重要的历史文化遗产。遗址内保存的宋代城墙长近4000米，体量巨大、形制规整、格局清晰，在巴蜀地区甚至全国范围内都非常罕见。遗址内还保存有大量碑刻、墓葬、寺观、摩崖造像等多种类别的遗迹遗物，均具有重要的文物价值和历史研究价值。

作为特殊的军事要塞，平梁城城防系统要素多样、搭配合理，充分体现了自然与人工相辅相成、共成其美的理念。城防构筑因山就势，重点突出；防线设置灵活多变，颇费心思；军政生活布局合理，耕战结合，充分体现了宋元以来巴州军民的军事智慧。

近八百年来，无数名人与平梁城结缘。宋元时期，妙通居士罗南仲在山腰平梁洞修道。宋元战争时期，余玠、张实亲赴平梁城实地调查，指授规划，为四川山城体系的建设增添了重要的拼图。明清时期，巴州地方官员常发祥、田文煦移州治于城内，修寺观以作学堂，保一方清平，续巴州文风；大将额勒登保屯兵驻粮于城上，护八方安宁；清末抗英名将张必禄卒于云南，最终魂归平梁，墓前望柱犹在。近代，徐向前、李先念等革命先烈在平梁城指挥战斗，挥斥方遒。这些名人故事为平梁城的历史增添了独特的人文韵味，是不可多得的文化资源。

附录　平梁城相关文献辑录

一、正史

《元史》

九年己未春正月乙巳朔，驻跸重贵山北，置酒大会，因问诸王、驸马、百官曰："今在宋境，夏暑且至，汝等其谓可居否乎？"札剌亦儿部人脱欢曰："南土瘴疠，上宜北还。所获人民，委吏治之，便。"阿儿剌部人八里赤曰："脱欢怯，臣愿往居焉。"帝善之。戊申，晋国宝归次峡口，王坚追还杀之。诸王莫哥都复攻渠州礼义山，曳剌秃鲁雄攻巴州平梁山。丁卯，大渊请攻合州，俘男女八万余。

——《元史》卷三《宪宗纪》，中华书局1976年版，第53页

二、别史、纪事本末文献

1.（清）万斯同《明史》

西有平梁山，上有平梁城，宋末所筑。

——（清）万斯同《明史》卷八十一《地理三》，清钞本

2.《元史新编》

初，宋余玠帅蜀，相度形势，徙利州治于金堂县之云顶山，筑苦竹隘于小剑山，以备外水。又徙合州城于钓鱼山，徙阆州治于苍溪县之大获山，徙顺庆府治于青居山，徙蓬州治于云山，徙渠州治于礼义山，徙巴州治于平梁山。又于昭化县之长宁山，剑州之鹅项岭，皆筑堡戍守，以备内水。棋布星罗，积粟

缮兵，守御甚固。

    ——《元史新编》卷四《宪宗纪》，清光绪三十一年邵阳魏氏慎微堂刻本

    九年己未，宋理宗开庆元年也。春正月，驻跸重贵山北，置酒大会诸王、大将，问曰："今在宋境，军日南行，夏暑且至，北军其可久留乎？"大将脱欢请大军暂北还；巴里赤愿留攻。帝遂留屯于蜀。诸王莫哥复攻渠州礼义山，（山在渠县东六十里，西距渠山十里，上有城址，宋宝祐中尝徙渠州治其上，以拒蒙古。）耶律图鲁雄攻巴州平梁山。（山在巴州西二十五里，山顶石城，池水四时不竭，宋时筑城戍守。）兀良合台师还自交趾，由内地象州入靖江府，连破湖南辰、沅，遂围潭州，会皇弟忽必烈军于鄂。

    ——《元史新编》卷四《宪宗纪》，清光绪三十一年邵阳魏氏慎微堂刻本

    3.《新元史》

    九年春，正月乙巳朔，帝驻跸重贵山北，置酒大会。因问群臣曰："今在敌境，天将暑，汝等谓可居否乎？"脱欢曰："南土瘴厉，车驾宜早还。新俘户口，委官吏治之可也。"八里赤曰："脱欢怯，臣请居之。"帝称善。戊申，晋国宝还至峡口，王坚追杀之，诸王末哥进攻渠州礼义山，曳剌秃鲁雄攻巴州平梁山。

    ——《新元史》卷六《宪宗纪》，民国九年天津退耕堂刻本

    4.《续通志》

    九年己未春正月乙巳朔，驻跸重贵山北，置酒大会，问诸王、驸马、百官曰："今在宋境，夏暑且至，汝等其谓可居否乎？"札拉尔部人托欢曰："南土瘴疠，帝宜北还。所获人民，委吏治之，便。"阿尔拉部人巴哩齐曰："托欢怯，臣愿往居焉。"帝善之。戊申，诸王孟格图复攻渠州礼义山，伊尔图鲁雄攻巴州平梁山。丁卯，大渊攻合州，俘男女八万余人。

    ——《续通志》卷五十七《元纪·宪宗》，清文渊阁四库全书本

5.《蒙兀儿史记》

初，余玠帅蜀，相度形势，徙利州治于金堂县之云顶山、筑苦竹隘于小剑山，以备外水。又徙合州城于钓鱼山、阆州治于苍溪县之大获山、顺庆府治于青居山、蓬州治于云山、渠州治于礼义山、巴州治于平梁山。又于昭化县之长宁、剑州之鹅顶岭，皆筑堡戍，以备内水，棋布星罗，积粟缮兵，守御甚固。

——《蒙兀儿史记》卷六《蒙格汗纪》，上海古籍出版社1989年版，第74页下

九年己未（宋宝祐七年）春正月，驻跸清居山北（《旧纪》作重贵山，即清居山之异文），置酒大会，因问诸王、驸马、百官曰："今在宋地，夏暑且至，汝等其谓可居否？"札剌亦儿部将脱欢曰："南土瘴疠，上宜北还。所获人民，委吏治之，便。"阿鲁剌部将字栾台曰（《旧纪》作阿儿剌部八里赤，即元年大会时西方大将班里赤也。班里赤、巴里赤皆字斡儿出，博尔术之异文，博尔术传曰阿尔剌氏，即阿鲁剌部人，观此益信。说详元年班里赤下）："脱欢怯，臣愿往居焉。"汗壮之。戊申，晋国宝归次峡口，王坚追还杀之。诸王蒙哥都复攻礼义山，移剌秃鲁雄（移剌《旧纪》作曳剌）攻巴州平梁山（山在州西二十里，宋淳祐中都统张实筑城于山上，取平定梁州之义）。丁卯，大渊请攻合州，俘男女八万余。

——《蒙兀儿史记》卷六《蒙格汗纪》，上海古籍出版社1989年版，第75页上

6.《钦定剿平三省邪匪方略》

……常发祥等因贼势汹涌，退保州治，但巴州并无城垣，仅有土墙一道。该州又于墙外添扎木栅，督率乡勇守御一昼夜，土墙被贼炮打缺十余处。虽立时补筑，而贼匪枪炮紧急，乡勇伤亡渐多，男妇老幼数千，惶急欲溃。常发祥查看州治后山有平梁城，地方较为险要，如贼匪一经绕上平梁城，则州治民人恐全遭戕害。即商令增顺率兵开栅迎敌，以制贼势。该州带领居民抢上平梁城山顶，倚险暂守。增顺兵力无多，奋勇冲出，因被贼匪四面围裹不能复回，即

屯扎南龛。地方州治房舍遂为贼匪蹂躏。

——《钦定剿平三省邪匪方略》正编卷五十三，清嘉庆十五年武英殿刻本

……至阮正通等由陕窜川，节经通江、南江各县痛加斩获，又窜至巴州平梁城。经川北道李鉉、巴州知州常发祥督率兵勇击退，该匪等即向通、巴交界之神滩溪逃窜。现在李鉉分饬巴州、南江、通江三州县所属各寨，挑选精壮乡勇，驰赴该处一带，并力剿办。

——《钦定剿平三省邪匪方略》正编卷七十三，清嘉庆十五年武英殿刻本

勒保又奏言，阮正通等各股贼匪，滋扰通、巴、南江一带，屡经臣饬令，李鉉率属团勇堵截。嗣该匪等窜入通、巴交界之神滩溪地方，该道分派牧令前往剿办。兹据禀称，巴州知州常发祥带领乡勇由官渡溪进发，该处匪等又窜至青峪口，距通江县甚近。署县徐廷钰同守备马国柱亦分带兵勇堵截。正在合击之际，复有贼匪一股，从巴州西北之两河口一带焚掠逼近平梁城。李鉉即督率署州判费恩纶、教谕彭昭麟挑选乡勇前赴元顶山，赶紧堵御。

——《钦定剿平三省邪匪方略》正编卷七十四，清嘉庆十五年武英殿刻本

……再顷，接勒保来信，业已行抵保宁，由巴州平梁城前来约计，日内即可会合奏入。

——《钦定剿平三省邪匪方略》正编卷一百八十七，清嘉庆十五年武英殿刻本

十二日，壬午。勒保奏言，查田朝贵追剿张、魏余匪，乘胜紧蹑，已向巴南一路，臣当即督兵继进。该匪闻官兵跟踪追击，即昼夜狂奔，向南江所属之刘坪、孙家坪一带逃窜。适建昌道刘清正在平梁城办理团练，一闻贼匪窜近之信，既调千总陈安邦、候选通判刘星蕖及办理团寨之委员田文烜等分带兵勇，探踪迎截。

——《钦定剿平三省邪匪方略》正编卷三百六，清嘉庆十五年武英殿刻本

三、地理类文献

1.《读史方舆纪要》

平梁城山，州西二十五里。上平坦，四围石壁如城。又有古寺、龙泉二水，四时不竭。宋淳祐中都统张实筑城于此，取平定梁州之义曰平梁城，山因以名。

——《读史方舆纪要》卷六十八《四川三》，中华书局1994年版，第3226页

2.乾隆《府厅州县图志》

平梁城，在州西二十五里平梁山上。

——乾隆《府厅州县图志》卷三十五《四川布政使司一》，清光绪五年授经堂重刻本

3.《明一统志》

平梁山，在巴县西二十五里，上平，四围石壁如城，宋末尝徙巴州治于此。

——《明一统志》卷六十八《保宁府》，三秦出版社1990年影印本，第1057页上

4.嘉庆重修《大清一统志》

平梁山，在巴州西二十五里，四围石壁如城，其上平坦，有地数十亩，居民数户，古寺、龙泉二水，四时不竭。

——嘉庆重修《大清一统志》卷三百九十一《保宁府一》，四部丛刊本

平梁城，在巴州西二十五里平梁山上。宋淳祐中都统张实筑，取平定梁州之义为名。

——嘉庆重修《大清一统志》卷三百九十一《保宁府二》，四部丛刊本

5.《蜀水经》

州西二十里平梁城，是宋淳祐间都统张实所筑，俗传桓侯故址。而王象之

《碑目》载："巴州城西门有严将军庙记，是唐贞元元年韦曾文"，则传讹久矣。考陈寿书，张桓侯与孔明等溯流而东，分定郡县，至江州破巴郡，太守严颜则与今巴州无涉。

——《蜀水经》卷十四《巴水》，清嘉庆五年传经堂刻本

6.《大明清类天文分野之书》

巴县，秦古巴国地，秦为巴郡宕渠县。汉因之，东汉分宕渠北□置汉昌郡。三国蜀先主分属巴西郡。晋因之，后为李特所据。宋置归化、水北二郡。元魏于汉昌县置大谷郡，又于郡北置巴州。隋大业三年，改清化郡。唐武德初，改巴州，天宝初，为清化郡。乾元初复为巴州。宋属利州路，又省壁州入焉。宋末徙治平梁山。元复还旧治，属广元路。本朝洪武九年，改为巴县，属保宁府。

——《大明清类天文分野之书》卷十四《保宁府》，明刻本

7.《增订广舆记》

平梁山，巴州，其上平广，四围石壁如城，宋末徙巴州治于此。

——《增订广舆记》卷十六《四川》，清康熙刻本

8.《方舆考证》

平梁山，在巴州西北。《元史·宪宗纪》：九年，曳剌秃鲁雄攻巴州平梁山。《通志》：平梁山在巴州西北二十五里，四面石壁如城，其上平坦，有田数十亩，居民数户，古寺、龙泉二水，四时不竭。

——《方舆考证》卷六十六《四川二》，民国济宁潘氏华鉴阁本

四、地区文献

《蜀中广记》

有平梁城。宋淳祐都统张实创筑，取扫平梁州之义也。下有平梁洞，妙通居士罗南仲所居，有石床、石灶。按《旧城记》云："平梁山顶有地数十亩，

居民数户在上住种纳税矣。"《志》云："在州西二十里。"

——《蜀中广记》卷二十五《名胜记》，上海古籍出版社2020年杨世文校点本，第266页

有古城曰平梁。《志》云："平梁城遗址，在县西三百里，上有古寺龙池。淳祐间，都统制张实遵大使余龙学指授规划，率诸军创平梁山城，云取扫平梁州之义。坐据要地，壁立万仞，天人助顺，汉中在掌握矣。刻于石。"

——《蜀中广记》卷二十五《名胜记》，上海古籍出版社2020年杨世文校点本，第270页

五、地方志

1.嘉靖《四川总志》

平梁城山，巴州西二十五里，上平，四围石壁如城，宋末尝徙县治于此。

——嘉靖《四川总志》卷六《山川》，明嘉靖刻本

2.万历《四川总志》

平梁城山，西二十五里，上平，四围石壁如城，宋末尝徙县治于此。

——万历《四川总志》卷十一《山川》，明万历刻本

3.雍正《四川通志》

平梁山，在州西二十五里，四围石壁如城，其上平坦，有地数十亩，居民数户，古寺、龙泉二水，四时不竭。

——雍正《四川通志》卷二十三《山川》，《四川历代方志集成》第四辑，第2册，第370页

平梁城，在州西二十五里平梁山上，宋淳祐中都统张实筑。

——雍正《四川通志》卷二十六《古迹》，《四川历代方志集成》第四辑，第2册，第463页

4.嘉庆《四川通志》

平梁山，在州西二十五里，四围石壁如城，其上平坦，有地数十亩，居民数户，古寺、龙泉二水，四时不竭。

——嘉庆《四川通志》卷十二《山川》，《四川历代方志集成》第四辑，第5册，第218页

平梁城，在州西二十五里平梁山上，宋淳祐中都统张实筑。附《张实筑平梁城题名记》：大宋淳祐十一年，都统制忠州刺史环卫张实、大使余龙学率诸军创平梁山城，山名取抚平梁州之义。地则坐据要地，壁立万仞，天人助顺，汉中在掌握矣。正月九日兴工，三月既望毕，纪地名、纪岁月，庶知此城为兴复之基云。

——嘉庆《四川通志》卷五十一《古迹》，《四川历代方志集成》第四辑，第7册，第70页

5.道光《保宁府志》

平梁山，在州西二十五里，有平梁洞，妙通居士罗南仲所居，有石床、石灶。《通志》：四围石壁如城，其上平坦，有古寺、龙泉二水。

——道光《保宁府志》卷六《山川》，清道光二十三年刻本

平梁城，在州西二十五里平梁山上，宋淳祐中都统张实筑。附《张实筑平梁城题名记》：大宋淳祐十一年，都统制忠州刺史环卫张实、大使余龙学率诸军创平梁山城，山名取抚平梁州之义。地则坐据要地，壁立万仞，天人助顺，汉中在掌握矣。正月九日兴工，三月既望毕，纪地名、岁月，庶知城为兴复之基云。

——道光《保宁府志》卷十五《古迹》，清道光二十三年刻本

6.乾隆《巴州志略》

平梁城，在治西十五里，四围石壁如城，相传张飞与严颜战此。

——乾隆《巴州志略·古迹》，《四川历代方志集成》第二辑，第4册，第4、5页

7.道光《巴州志》

平梁、小宁二城，昔人所置，天然险要，教匪之乱保全甚众，各绘为图。

——道光《巴州志》卷首《凡例》，《四川历代方志集成》第二辑，第4册，第18页

出州城西行十余里，山渐高，迤逦以至平梁山下，雉堞参差，望之如天半赤城，缥缈在空际，四围皆悬崖峭壁，仅微径可上。既入城，则平野豁然矣。城创自张实，宋至淳祐，境土日蹙，兹城僻在一隅，乃以抚平梁州为名。其磨崖云：坐据要地，汉中在掌握，将以为兴复之基。顾在南宋不效，历数百年至昨教匪扰乱，州城残破，官民侨居其中，大军粮饷咸在，经略额公亦接印于此，卒之扫平逆孽，川陕肃清，则平梁之名殆为今设也。后之人抚今追昔，其亦知天人助顺，灵应固自有时与。

——道光《巴州志》卷首《图》，《四川历代方志集成》第二辑，第4册，第26页

《方舆纪要》云：州北走兴元、西达阆、利，江山环峙，僻而实险。说者谓：州居三巴之中，有中巴之号，土田沃衍，民物繁阜，有事于利、夔之间，州其衿要之地矣。

旧《通志》云：群山雄峙，巴水环流，扼险据岩，梁益要地。

《通志》云：连四郡之边境，当八县之冲衢。东南耸秀，山纪木兰，西北回湍，城枕字水，通一线于北方，汉南在其指掌；顺两江而南下，川东便于建瓴，固梁益之奥区，亦巴蜀之重镇也。

州境僻远，非四战之地，历代以来，图王霸者所不急争。所虑者山寇窃发，利其险阻，易于窜迹。如明正德中之鄢蓝、国朝嘉庆初之白莲教匪，皆盘踞出没，久而后平是也……而综核全州形势，惟城一二十里间稍觉平坦，余则斩崖峻阪，无地无之。所以教匪焚掠，各乡结寨固守，多得保全，斯其明效大验。惟界连三郡十一县，岐（歧）路甚多，恐有奔突不常之患。然当有事之秋，据险以临，塞其要隘，诚有一夫荷戈，百夫不得前驱者，固天然之保障

也，后之设险者，其留意焉。

　　——道光《巴州志》卷一《地理志·形胜》，《四川历代方志集成》第二
辑，第4册，第32页

　　平梁山，《通志》云：在州西二十五里，四围石壁如城，其上平坦，有
地数十亩，居民数户。古寺、龙泉二水，四时不竭。按山形高大而上平阔，
周数十里，俱悬崖峭壁，莫可扳（攀）援，惟四隅有小径可通上下，亦崎岖逼
仄，不可驰骋。盖在昔不过山农石户之甿，耕种其间，瞻衡望宇，宛与尘世相
隔。初不嫌其幽僻险邃也。故纪胜诸书不著其名，人罕知之。自南宋迁后，元
将阔端、塔海连年扰蜀。淳祐三年，余玠为四川制置使，乃相择各险隘之地，
如金堂之云顶山、简州之灵泉山、泸州之铁炉城、苍溪之大获城、合州之钓鱼
台（城）等，皆筑城积粮，以为保聚，此亦其一也。淳祐十一年，命都统张实
创筑平梁城，取扫平梁州之义，而山遂以此得名焉，小宁城亦同时筑。嘉庆二
年，教匪滋扰，州城毁坏，官吏军民皆赖此以为固，并大军粮台亦设其上。山
下有洞，亦以城得名。《名胜志》云：平梁城山下有平梁洞，妙通居士罗南仲
所居，有石床、石灶。城中有鸿禧寺，所谓古寺也。有真武宫，嘉庆八年知州
田文熙建。

　　——道光《巴州志》卷一《地理志·山川》，《四川历代方志集成》第二
辑，第4册，第38页

　　国朝康熙初年复修。乾隆二十九年，知州李汝琬重修，城楼额曰"仁
春""永丰""承薰""安澜"。嘉庆二年九月，毁于贼。知州常发祥迁民于
平梁城。十年，复故治……

　　——道光《巴州志》卷二《建置志上·城池》，《四川历代方志集成》第
二辑，第4册，第47页

　　国朝顺治初，知州许广大权治石城堡。十七年，知州陆鉴建今治。康熙二
年，知州魏步南重修。嘉庆二年，教匪焚掠，署亦就毁，迁居平梁城。知州田

文煦立衙署于平梁城严公台下。十年，贼平复故……

　　——道光《巴州志》卷二《建置志上·公署》，《四川历代方志集成》第
二辑，第4册，第47页

　　平梁城堡，在州西二十五里。上平坦，四围石壁如城，宋淳祐中都统张实
筑城于此，取平定梁州之义。嘉庆二年，州城被贼焚毁，官民迁居其上。十年
平定，乃复故治。

　　——道光《巴州志》卷二《建置志上·关隘》，《四川历代方志集成》第
二辑，第4册，第58页

　　鸿禧寺，在州西二十五里平梁城内，创始无考，康熙中重建。嘉庆二年教
匪之乱，州城毁坏，官民尽迁徙保聚于山城，大军粮饷亦在焉，因共捐修，遂
为丛林。

　　——道光《巴州志》卷三《建置志下·寺观》，《四川历代方志集成》第
二辑，第4册，第65页

　　平梁山，《方舆纪要》云：在州西二十里，山上平坦，四围石壁如城，
又有古寺、龙泉二水，四时不竭。宋淳祐中都统张实筑城于此，取平定梁州
之义，曰平梁城，山因以名。《志稿》云：张实筑，城高一丈，周数十里，四
隅有门，门皆三重。嘉庆初，教匪滋扰，州城毁坏，居民尽移此城中，与州守
共护粮台。十三年，知州李天培新建石城，乃归旧业，各造新居，得以十年保
聚，不至流离失所者，此城之力也。

　　——道光《巴州志》卷三《建置志下·古迹》，《四川历代方志集成》第
二辑，第4册，第70页

　　严公台，在平梁城内，高数丈。嘉庆初，教匪滋扰，曾侨置州署于此台
下，俗称桓侯获严将军处。《华阳国志》云：诸葛亮与张飞、赵云溯江降下巴
东，巴郡太守赵莋拒守，飞攻破之，获将军严颜云云。巴郡乃今重庆，安得在

此？按巴州前有严颜，后有严武，二公均在人耳目间，此台其将军遗迹耶？抑郑公旧游耶？俱不可考。但以为将军被获处，则误之甚矣。

　　——道光《巴州志》卷三《建置志下·古迹》，《四川历代方志集成》第二辑，第4册，第71页

　　常发祥，直隶滦州监生，嘉庆元年任。二年，教匪窜入巴州。九月，陷州城，据城十日，歼戮军民六百余人。发祥迁民于平梁城，结寨堵御，安设粮站、团练乡勇、剿捕贼匪，屡著勋绩，以军功历升至四川按察司。

　　——道光《巴州志》卷五《职官志·文职》，《四川历代方志集成》第二辑，第4册，第91页

　　田文煦，河南固始举人，嘉庆四年署。七年，升授。初张桐授巴州，未莅任，文煦来权州事。五年五月，流匪鲜大川复扰州东，破造山寨、玉城寨，又攻楼台寨，围巾字寨粮站，文煦遣平梁城乡勇三百名驰救之，乃全。时侨置州署于严公台下，四乡蹂躏，文煦抚恤保护，崇学重儒，州人称之。

　　葛若炜，山东濮州监生，嘉庆九年署。

　　刘传经，江西赣县举人，嘉庆十年署，州治初复衙署及常平仓皆其修造。

　　——道光《巴州志》卷五《职官志·文职》，《四川历代方志集成》第二辑，第4册，第91页

　　罗南仲，《名胜志》云：平梁城下有平梁洞，妙通居士罗南仲所居，有石床、石灶。《旧通志》云：南仲工诗，隐居平梁山洞。《通志》误作唐南中，梁山亦误作凉仙。

　　——道光《巴州志》卷七《士女志·人物》，《四川历代方志集成》第二辑，第4册，第103、104页

　　李氏，张奇宇妻，年二十八，夫故无子，仅一女、伯兄三人，次三先殁。惟大兄有一子，依倚同居避乱平梁城，敬事衰姑比卒，鬻簪珥以具葬，抚弱

女，遣嫁如礼。守节三十二年，道光十年旌表。

——道光《巴州志》卷七《士女志·列女》，《四川历代方志集成》第二辑，第4册，第112页

《古平梁山寨歌》（原注崇祯己卯同监纪周有翼阅平梁山寨作）

（明）邵捷春

几度平梁梁几平，平梁城旧倚山成。王濬全活未可数，无降将军气如生。巴人纷纷避寇入硐堡，何如结橡依此以为保。崖顶三池清且冽，高下宜黍亦宜稻。况今天子命六师，伏莽乘墉秋叶扫。君不见二百年前鄢蓝、廖麻子，林公慷慨荡平而再造。

——道光《巴州志》卷八《艺文志上·诗》，《四川历代方志集成》第二辑，第4册，第128页

平梁城题名

大宋淳祐十一年，都统制忠州刺史环卫张实、大使余龙学率诸军创平梁山城，山名取抚平梁州之义。城则坐据要地，壁立万仞，天人助顺，汉中在掌握矣。正月九日兴工，三月既望毕，纪地名、岁月，庶知此城为兴复之基云。

——道光《巴州志》卷九《艺文志下·文》，《四川历代方志集成》第二辑，第4册，第146页

……（嘉庆二年）十月，张汉潮亦入川，为害州境。冉文俦复入州城，民俱避去，无所获，乃尽焚公署、民房而去。盖是时大帅下坚壁清野之令，乡村各倚硐寨自固，州民皆移居平梁山城。十一月，经略公总督勒保统大军至，追剿四十余里，杀贼数千于九节梁，遂率州守驻师平梁城……

三年二月，川北道李鈜与州守总理粮台于平梁城，并宝峰山、巾子山直接通江之韩家硐，俱设粮站，派武生陈安邦，团首王汝诏、何霖澍各带义勇防护。

——道光《巴州志》卷十《杂纪志》，《四川历代方志集成》第二辑，第4册，第161页

（嘉庆四年）九月，额勒登保受经略印于平梁城下，州守率义勇随营，护解粮饷。

——道光《巴州志》卷十《杂纪志》，《四川历代方志集成》第二辑，第4册，第162页

（嘉庆五年）五月，鲜大川复扰州东，破造山、玉成二寨，伤团首李天玉、张献武兵团勇四百余人，又攻围楼台寨、巾子寨，知州田文煦护粮，发平梁城乡勇驰救之。

——道光《巴州志》卷十《杂纪志》，《四川历代方志集成》第二辑，第4册，第162页

8.民国《巴中县志》

《方舆纪要》云：州北走兴元、西达阆利，江山环峙、僻而实险。说者谓州居三巴之中，有中巴之号。土田沃衍，民物繁阜，有事于利夔之间，州其襟要之地矣。

旧《通志》云：群山雄峙、巴水环流、扼险据岩、梁益要地。

《通志》云：连四郡之边境，当八县之冲衢。东南耸秀，山纪木兰，西北回湍，城枕字水，通一线于北方，汉南在其指掌；顺两江而南下，川东便于建瓴，固梁益之奥区，亦巴蜀之重镇也。州境僻远，非四战之地，历代以来，图王霸者所不急争。所虑者山寇窃发，利其险阻，易于窜迹，如明正德中之鄢蓝、清嘉庆初之白莲教匪，皆盘踞出没，久而后平是也……而综核全州形势，惟附城一二十里间稍觉平坦，余则斩崖峻阪，无地无之。所以教匪焚掠，各乡结寨固守，多得保全，斯其明效大验。惟界连三郡十一县，歧路甚多，有奔突不常之患，然当有事之秋，据险以临，塞其要隘，诚有一夫荷戟，百夫不得前驱者，固天然之保障也，后之设险者，其留意焉。

——民国《巴中县志》第一编《土地志·形胜》，《四川历代方志集成》第二辑，第4册，第179页

平梁城寨，在县西二十里。上平坦，四围石壁如城，宋淳祐中都统张实筑

城于此，取平定梁州之义。嘉庆二年，县城被贼焚毁，官民迁居其上。十年贼平，乃复故治。山势高大雄阔，实为县西第一要隘。

——民国《巴中县志》第一编《土地志·关隘》，《四川历代方志集成》第二辑，第4册，第183页

金锁关，在县西二十里，后接平梁城，地枕巴南要冲，知州雷尔卿题云：金围巴水千年带，锁住平梁第一城。

——民国《巴中县志》第一编《土地志·关隘》，《四川历代方志集成》第二辑，第4册，第181页

西北部山脉由南、广交界之南山迤逦南下，至云顶山分二支：一为龙耳山，达朱公垭为孙家山，迄恩阳河而止；一为灵应山，南行至锅口垭，迤西为石龟山，中干经莲花山达断垭场，为平梁城，歧为三支：东支出金锁关至鹰嘴山，达柳津桥；西支由枣儿塘达高眉山，迤西为金鼎山，迤南为回龙山、三佛山、白鹤山、狮子山，逾石庙梁为卧虎山，止于巴江；中支南行为西华山，蜿蜒而达于南龛曰金榜山，以山形若榜，上镌"天开金榜"四字，大约丈许，故名。即县城。

——民国《巴中县志》第一编《土地志·山脉》，《四川历代方志集成》第二辑，第4册，第190页

张必禄，号寿轩，字培斋，巴中太平乡人也。清道光元年，乡拨入太平县，遂家巴中县城。必禄倜傥有略，由义勇出身，在四川、陕西、回疆、湖南、广东各处军营打仗出力，迭蒙保奏，赏给巴图鲁名号，由专阃擢至提督。旋因年老，奉旨以原品休致在籍，食全俸。道光十三年、二十四年两次晋京召见，恩礼有加。奖以"谋勇兼全"。二十八年，宣宗升遐，必禄泣叩梓官，文宗慰劳甚殷。咸丰元年七月，回籍三日，奉旨授广西钦差大臣，督办军务，即日启程。八月抵广西界，中途遘病，尤同钦差郑祖琛筹商机宜，据鞍疾驰。甫至浔，大呼杀贼者再，遂瞑。郑钦使驰奏，奉上谕加太子太保衔，照提督例赐恤。复御赐祭文，予谥"武壮"，建专祠。二年，葬于平梁城。御赐祭文、碑

文均纪后。

——民国《巴中县志》第二编《人民志上·乡贤》，《四川历代方志集成》第二辑，第4册，第197页

元，罗南仲，《名胜志》云：平梁城下有平梁洞，妙通居士罗南仲所居，有石床、石灶。《旧志》云：南仲工诗，隐居平梁山硐。

——民国《巴中县志》第二编《人民志下·隐逸》，《四川历代方志集成》第二辑，第4册，第265页

常发祥，直隶滦州监生，嘉庆元年任。二年，教匪窜入巴州，九月，陷州城，据城十日，歼军民六百余人。发祥迁民于平梁城，结寨堵御，安设粮站、团练乡勇、剿捕贼匪，累著勋绩，以军功历升至四川按察司。

——民国《巴中县志》第三编《政事志上·宦绩》，《四川历代方志集成》第二辑，第4册，第275页

田文煦，河南固始举人，嘉庆四年署。七年升授。初张桐授巴州，未莅任，文煦来权州事。五年五月，流匪鲜大川复扰州东，破造山寨、玉城寨，又攻楼台寨，围巾字寨粮台，文煦遣平梁城乡勇三百名驰救之，乃全。时侨置州署于严公台下，四乡蹂躏，文煦抚绥保护，崇学重儒，县人称之。

《田文煦重修古鸿禧寺作学堂碑记》

平梁之荒废久矣，何有于禅院？前任常公葺补之以御寇，土人从之。岁己未，余来守是邦，又踵而理之。劳来安集，居人益众，惟庚学校之不兴。徐而察之，东门之内、女墙之旁，有寺址焉，方广而平展，且爽垲。前有文笔之峰、文曲之水，余甚喜之。询诸土人，曰：古鸿禧寺也。爰命衲衣鸠工，起殿三楹，庙成，假其馆集士子俊秀，延师以三物教焉。古所谓以时宾兴者，庶乎其有赖矣。僧请志诸碣，曰：鸿禧之建也，缘平梁之旧址；庠舍之立也，以鸿禧之再成。是固一举而兼得者，记之其亦可也。即以平梁之市斗，日掇米若干为汝等之费，以供给讲贯诵读者之茶水，使无缺乏。乃记曰：鸿禧之兴，肇自有唐。既遭兵燹，寺欲丘荒。突因贼匪，来寇巴疆。常公葺成，余立庙堂。爰

以舍宇，权作序庠。文风日盛，斯壮平梁。千载而后，历久弥光。于斯时也，悦我衷肠。镌之贞珉，用志不忘。

——民国《巴中县志》第三编《政事志上·宦绩》，《四川历代方志集成》第二辑，第4册，第275页

李氏，张奇宇妻，年二十八夫亡，无子，仅一女。伯兄三人，次三先殁，惟大兄一子依以同居，避乱平梁城，敬事衰姑及卒，鬻簪珥以葬，守节三十二年，道光十年旌表。

——民国《巴中县志》第三编《人民志下·列女》，《四川历代方志集成》第二辑，第4册，第233页

嘉庆元年，教匪王三槐乱有司，谕人民筑寨集团，凭险自守，多所保全。六年，川督奏准分段办团，委道、府、县总理其事。（详见纪乱）

咸丰十年，州绅雒绍第、陈敦睦等请设团练，公所于考棚。次年，朱贼由达县窜入州境岳家寺、得胜山一带，卒赖团练之力，得以保全。（详见纪乱）

——民国《巴中县志》第三编《政事志下·团练》，《四川历代方志集成》第二辑，第4册，第300页

（嘉庆二年）十月，张汉潮亦入川，危害州境。冉文俦复入州城，民俱避去，无所获，乃尽焚公署、民房而去。盖是时大帅下坚壁清野之令，乡邨各倚硐寨自固，州民皆移居平梁山城。十一月，经略公总督勒保统大军至，追剿四十余里，杀贼数千于九节梁，遂率州守驻师平梁城。十二月，张汉潮、阮正隆由广元入州，军号十余万，横列三四十里，昼夜焚掠，烟焰蔽天，州民苦之。

三年二月，川北道李鉉与州守总理粮台于平梁城，并于宝峰山、巾子山直接通江之韩家硐俱设粮站，派武生陈安邦、团首王汝诏、何霖澍各带义勇防护。

——民国《巴中县志》第三编《政事志下·纪乱》，《四川历代方志集成》第二辑，第4册，第303页

四年正月朔，乘夜破其寨，枪毙文侍及其子添寿、弟文元、头目苟子明等。文侍侄添元与大川、文明率其余党窜营山、蓬州，与东乡贼合。八月，苟文明围通江之马家寨，王汝诏督九寨团勇解救之。九月，额勒登保受经略印于平梁城下，州守率义勇随营，护解粮饷。十月，冉添元窜扰金龙台，经略亲督兵勇，攻破贼巢，令总兵杨遇春、穆克登阿伏兵麻石口截杀之，斩首千余级。

五年正月，贼由定远之石板沱乘元宵抢渡嘉陵江，署总督魁伦檄朱射斗赴援。射斗贵州人，勇冠诸将，间道进至老虎岩，遇伏，孤军无助，自辰至未，力战而死。魁伦拥兵退保潼河，后亦失守，魁伦被逮。时参赞德楞泰自陕入川，闻贼欲向江油应甘肃匪，急扼其要路，转战至马蹄冈，众寡不敌，以死励军士，贼忽披靡四散，自相践踏，冉添元乘朱射斗战马，飞奔池中不出，官军闻贼众呼元帅，遂共擒之。乃械送添元于成都，磔诸东市。遂乘胜追至剑州之石门寨，贼据寨息屯，弁森格尔甲先登破之，生擒伪总兵李斌及陈德俸妻郭氏，并正法。五月，鲜大川复扰州东，破造山、玉成二寨，伤团首李天玉、张献武并团勇四百余人，又攻围楼台寨、巾子寨，知州田文熙护粮，发平梁城乡勇驰救之。

——民国《巴中县志》第三编《政事志下·纪乱》，《四川历代方志集成》第二辑，第4册，第304页

县公署，在城东北隅，唐会昌四年甲子，州守裴祎建。明洪武中，知州董焕英重建，正德九年知府权州事章应奎修，崇祯末毁于贼。清顺治初，知州许广大权治石城堡。十七年，知州陆鉴建今治，康熙二年，知州魏步南重修。嘉庆二年，教匪焚掠，署亦就毁，迁居平梁城，知州田文熙立衙署于平梁城严公台下。十年，贼平复故。

——民国《巴中县志》第三编《政事志上·公署》，《四川历代方志集成》第二辑，第4册，第268、269页

平梁山，在县西二十五里，形势高大而上平坦，周数十里，俱悬崖峭壁，惟四隅有小径可通。山顶有严公台，系汉严将军颜所建。又有古寺、龙泉二水，四时不竭。《旧志》云：此山在昔似甚幽僻险邃，故纪胜诸书不著其名。

自宋南迁后，元将阔端、塔海连年扰蜀。淳祐三年，余玠为四川制置使，乃择险隘之地，如金堂之云顶山、简州之灵泉山、泸州之铁炉城、苍溪之大获城、合州之钓鱼台等，皆筑城积粮，以为保聚，此亦其一也。淳祐十一年，命都统张实创筑平梁城，取扫平梁州之义，而山遂以此得名焉，小宁城亦同筑。嘉庆二年，教匪滋扰，县城毁坏，官民皆赖此以为固，并大军粮台亦设其上。衙故址在严公台下，今犹存，俗又呼此处为衙门坝。山下有洞，亦以城得名。《名胜志》云：平梁山下，有平梁洞，妙通居士罗南仲所居。此洞俗又呼为仙人洞。山中有鸿禧寺，即所谓古寺也。又有真武宫。嘉庆八年知州田文煦建。城分四门，今仍其旧。提督张必禄墓在其上。山前刊"武壮佳城"四大字，县吏目孙基书。

——民国《巴中县志》第四编《志余上·古迹》，《四川历代方志集成》第二辑，第4册，第332页

明邵捷春崇祯己卯同周监纪阅平梁山寨歌

几度平梁梁几平，平梁城旧倚山成。

王濬全活未可数，无降将军气如生。

巴人纷纷避寇入碉堡，何如结橡依此以为保，

崖顶三池清且冽，高下宜黍亦宜稻。

况今天子命六师，伏莽乘墉秋叶扫。

君不见二百年前鄢蓝、廖麻子，林公慷慨荡平而再造。

——民国《巴中县志》第四编《志余上·古迹》，《四川历代方志集成》第二辑，第4册，第332页

平梁城题名

大宋淳祐十一年，都统制忠州刺史环卫张实、大使余龙学率诸军创平梁山城，山名取抚平梁州之义。城则坐据要地，壁立万仞，天人助顺，汉中在掌握矣。正月九日兴工，三月既望毕，纪地名、纪岁月，庶知此城为兴复之基云。

——民国《巴中县志》第四编《志余上·古迹》，《四川历代方志集成》第二辑，第4册，第332页

严公台，在平梁城内，高数丈。嘉庆初，教匪滋扰，曾侨置州署于此台下，俗称桓侯获严将军处。《华阳国志》云：诸葛亮与张飞、赵云溯江降下巴东，巴郡太守赵筰拒守，飞攻破之，获将军严颜云云。巴郡乃今重庆，安得在此？按巴州前有严颜，后有严武，二公均在人耳目间，此台其将军遗迹耶？抑郑公旧游耶？俱不可考。但以为将军被获处，则误之甚矣。

《清知州田文煦严公台碑记》

巴州古称宕渠，治西十余里平梁城则昉于宋淳祐十一年。曰平梁者，抚巴州而筑也。其城上接文峰、下临宕水，夔门峙其左、剑阁耸其右。汉之末造，严将军曾筑台于此。嘉庆四年冬，余来守是邦，时邪匪未靖，刁斗犹严，前刺史知此地雄胜，伐木筑寨，余踵而行之，而士民之列屋而依者，莫不益庆那居。每风雨晦明之际，登台而望，见夫山崔嵬以嵯峨，水汨漠而扬波。不禁喟然曰：《易》称王公设险以守其国，此故险要天成者也。又见夫男女耕桑，熙来攘往，益以知我朝休养于百年之间者良多矣，因建亭于台上。又于土中得淳祐曹君制砖焉，今马姓家尚有此砖廿余枚，上刻有"淳祐壬子年巴州任内造"，于此见地之兴废有时。余与曹君继将军而经营斯土，有由来也。将军之姓氏志诸额，盖地以严公传则台即以严公名也。后之莅斯土者，体我皇上子惠元元之意，为鸾凤而不为鹰鹯，必将有以广教化、培风俗，俾无形巩固，永奠苞桑，我小民亦得以乐乐利利于无穷也。爰勒贞珉，以为后之人昭告。嘉庆九年甲子岁孟秋月。

——民国《巴中县志》第四编《志余上·古迹》，《四川历代方志集成》第二辑，第4册，第332、333页

本年（民国十年）七月十七日夜半，空中有雷声自平梁城西向插旗山东去，如有物逐风吼之势，农人以为天鸣云。

——民国《巴中县志》第四编《志余下·述异》，《四川历代方志集成》第二辑，第4册，第344页

9.道光《南江县志》

何国栋，岁贡生，素怀忠义报国为心，教匪蹂躏南江，与县主裘良骏筹划

堵御策,自备资粮,集乡勇三百余人,截贼于毛水口,众寡不敌,伤侄何联科与门生康英才等。复至巴州平梁城,志图殄灭贼匪,未遂。以迄昇平,授徒开馆,济济多士,子与徒进学者三十余人。生平志大,年余(逾?)六旬,选石泉县训导,未任而卒,门人有泰山乔木之叹焉。

——道光《南江县志》卷之中《乡贤》,清道光七年刻本

10.民国《南江县志》

何国栋,岁贡生,志期报国。教匪蹂躏南江,与县主裘良骏筹划防堵策,尝自备资粮,集乡勇,截贼于毛水口(即鳌水口),众寡不敌,侄何联科被创,门生康英才等阵亡。复至巴州平梁城,意图殄灭贼匪,未遂。贼平,仍开馆授徒,裁成三十余人,年六旬,选石泉县训导,未任而卒。

——民国《南江县志》第三编《忠义》,民国十一年刻本

11.光绪《香山县志》

《从征诗草》《出栈草》《过岭草》《岭南草》各一卷　国朝彭昭麟撰
同上

自序略曰:麟垂髫就塾,先观察乐斋,府君即授以诗。弱冠游四方,亦闲有作,不足存也。壮岁服官,初为南江教谕,嘉庆元年,以试事在阆城,旋值巴州。冉文俦、罗其清等谋逆,郡太守李公沆檄令随营,随即率军驻观紫寨。凡七阅月,贼始焚巢遁,调还。适陕贼张汉潮自汉中趋大巴岭,陕抚英公善驻保宁,饬令回任堵御。余匹马从一仆,走乱山中,未及县境而贼已蜂拥而来。巴州贼又自营山麋至,前后路塞,贼见余马竟四面围捕,几为所擒,乃舍马徒步,枵腹驰九十里始抵县城。途中白骨撑天,火光遍地,殆有不忍闻见者。贼退,与尹裘君良骏筹议募勇筑寨各事宜。甫竣,又奉观察李公鋐檄调赴平梁城防守,中间血战荒原,星驰峻岭,甫挽宕渠之粟,又赴箕山之营,所见无非骇目怵心,所闻无不惊魂动魄。慷慨悲歌,不能无作,即不忍弃也。迨后入觐神京,出宰春州以及从军博惠,其诗都非无为而作。及调香山,值海贼猖獗,往往侵入内河,居人仓卒无备,莫不震恐。余亲率士民筑台竖栅,募勇赁船,前后擒获千余人,并收降方安等二千四百名。日贼始不敢内犯,而外洋固自若

也。镇日波涛，终年缉捕，其险尤甚南江时。纪事抒怀亦不能已于作也，乃自从军巴州以及调香山时作，汇为一编，就正有道焉。

——光绪《香山县志》卷二十一《艺文》，清光绪刻本

六、金石文献

1.《补寰宇访碑录》

平梁城题名，正书，淳祐十一年。

——《补寰宇访碑录》卷四，清同治三年刻本

2.《金石苑》

……平梁依山而为城，罗汉得道而有洞……

——《金石苑·序》，《石刻史料新编》第一辑，第九册，第6233页

宋平梁城题名

连额高六尺，广四尺，十行，行二十字，字径二寸余，正书，额六字字径六寸，篆书。

平梁新城题名

大宋淳祐十一年，都统制忠州刺史环卫张□大使余龙学指授规划，率诸军创平梁山城，山名取抚平梁州之义，城则坐据要地，壁立万仞，天人助顺，汉中在掌握矣。正月九日兴工，三月既望毕事，路钤张大悦、贾文英、司登、雍昌嗣、杜时顺、罗全、王安，州钤刘成，路分刘文德、张德、李成、戎进，路将梁福、刘青、陈宝、曹贵、王孝忠、张达，伏道坤、何荣、薛大信、李珍、宋明、廖友兴、孙庆、李崇，制领安邦瑞、崔世荣、郭□、张亻，拨发王成，壕寨刘储杰，皆分职任事者也。纪地名，纪岁月，庶知此城为兴复之基云。

右题名在巴州西二十里平梁城，《方舆纪要》云：山上平坦，四围石壁如城，宋淳祐中都统张实筑城于此，取平定梁州之义，曰平梁城，山因以为名。城高一丈，周数十里，四隅有门，皆三重，题名即是时也。

——《金石苑》《石刻史料新编》第一辑，第九册，第6476页

3.《金石汇目分编》

宋平梁城题名

正书,淳祐十一年。

——《金石汇目分编》卷十六《补遗》,稿本。

七、文集

(明)刘春《东川刘文简公集》

《和林见素登平梁城》

登临漫忆当时事,雉堞空余旧日基。

国有诒谋应可立,地非设险岂容支。

百年烽火谁能息,千里江山独不移。

抚景令人频感慨,淡烟寒雾锁榆篱。

跋涉何当入旧城,山围水绕有余清。

露碑带藓斜依经,茎草含花远映晴。

是处便应为胜地,高风谁不慕完名。

崔符荡灭浑间事,前席方虞圣主情。

——(明)刘春《东川刘文简公集》卷二十三《七言律诗》,明嘉靖三十三年刘起宗刻本

后　记

2013年初，西华师范大学以历史学、考古学研究团队为基础，成立了专门调查研究四川古代山城寨堡遗址的四川古城堡文化研究中心。中心成立之后，随即组织多学科专家学者对四川辖区内六处重要山城遗址进行了前期调查，巴州平梁城遗址即其中之一。尽管此次调查仅为摸底，并未进行详细的记录和测绘，但平梁城遗址宏大的城防规模和良好的保存状况仍深深地震撼着每一位调查人员。

其后，随着对川渝地区宋元山城体系研究的逐步深入，我们愈加认识到平梁城遗址的重要性。然而受限于相关资料，尤其是第一手田野考古资料的缺失，我们当时对平梁城遗址的认识仍停留在较为笼统和粗浅的层面上。基于此，2016年4月16日至18日，笔者所在的西华师范大学古城堡考古团队与巴州区文物局相关同志联合对平梁城遗址进行了第一次较为详细的考古调查。此次调查过程中，我们采用了点线结合的方式，首先通过环城一周踏查，对城墙、城门、马面、角台等城防军事遗存进行调查记录，并且根据城墙延伸勾勒出了平梁城的城防范围。而后逐一对遗址内重要的散点遗存进行调查记录，基本上摸清了平梁城遗址内各类遗存的存量、分布及保存状况等家底。在进一步整理文献、调查资料以及前人研究成果后，我们发现此次调查仍有一些遗漏之处，故并未马上刊发调查成果。尽管在此后的几年中，由于各种原因，我们一直没有合适机会再赴平梁城做补充调查，但笔者对平梁城遗址的关注和研究并未停止。

2017年，西华师范大学蜀道研究院成立，同年与四川省交通运输厅交通史志总编室合作开展"蜀道申报世界文化遗产系列课题研究",其中最重要的一项工作就是对蜀道南段诸线路及沿线文化遗存进行考古调查。在接下来的两年时间内,笔者有幸参与了蜀道南段金牛道、米仓道、荔枝道、阴平道的考古调查,并与李修正老师一起负责米仓道调查报告的初稿撰写。作为米仓道沿线的重要历史文化遗存,平梁城遗址自然被收入了米仓道调查报告之中。然而由于未能开展补充调查,加之篇幅有限,故报告中仅概括性地介绍了平梁城遗址的修筑历史和遗存情况,并未详细刊布所有资料。

2020年1月,笔者与西华师范大学古城堡考古团队再赴平梁城,对2016年调查所获材料进行逐一核对、纠错和补充完善,并将城东南山腰平梁洞区域的龛窟、造像、碑刻题记等一并纳入调查范围,进一步丰富了调查资料。其后,我们加快了考古调查资料和相关文献资料的整理和研究。适逢《西华师范大学学报》"巴蜀古城寨堡"专栏征稿,笔者便先将平梁城遗址内体量最大、保存最完善的城防设施部分整理成文,投寄刊发。此文调查部分后被收入笔者与诸同仁合著的《巴蜀地区宋蒙山城遗址考古调查与研究》一书中。此文虽较为详细地介绍了平梁城的城防设施,但未能涉及遗址内的其他大量遗存,对部分城防设施的性质判断亦不够准确,常引以为憾。因此,笔者萌生了编写一部可以较为全面反映平梁城历史及遗存之专著的想法,此即本书写作之初衷。

本书最终成稿,绝非笔者一人之功,而是团队诸同仁共同努力之成果。历次参与平梁城遗址调查的老师还有李健、蔡东洲、蒋晓春、符永利、熊梅、胡宁、王丽君、李修正、刘涛、魏晓莉等,西华师范大学考古文博系硕士研究生林邱、赵敏、刘磊等也参加了调查。在历次田野调查过程中,有幸得到了中共巴中市委宣传部刘丹,巴中市巴州区文物保护研究中心林金勇、何汇、孙祺,平梁镇人民政府相关同志及平梁城乡民的大力支持。书稿写作和出版过程中,李修正老师参与了城防设施部分内容的初稿撰写;硕士研究生高新雨梳理了部分文献资料;西华师范大学蔡东洲教授、安徽大学蒋晓春教授拨冗审阅了书稿,并提出了众多宝贵的修改意见和建议;四川人民出版社策划编辑邹近老师、责任编辑王卓熙老师多次精心校改,本书的最终成稿,以上诸位老师和同学功不可没。

多年来对巴州平梁城遗址的调查研究过程中,笔者有幸获得了西华师范大学2017年度青年教师科研资助项目和中共巴中市委宣传部2019年度巴文化重点研究课题立项资助。2023年12月，笔者申报的"巴中地区宋元山城遗址调查及综合研究"获得四川省哲学社会科学重点研究基地资助项目立项资助，对巴州平梁城遗址的调查研究亦是该课题的重要组成部分。本书得以纳入《蜀道文化遗产》系列丛书付梓出版，则有赖于蜀道研究院的大力支持和资助。

　　十余年来，我们虽然对平梁城遗址进行了多次考古调查，但笔者深知地面文物调查有其固有缺陷，难免挂漏，而基于地面文物调查的相关研究抑或有偏颇之处。但在暂未开展考古发掘的情况下，本书较为客观地反映了我们多次对平梁城地面文物调查的一些收获和认识，这对于相关研究及保护利用等工作仍具有一定的积极意义。目前，蜀道考古和川渝宋元山城体系考古等工作正稳步推进，相关考古调查、试掘、发掘工作正有序开展，相信在不久的将来，对于米仓道巴州平梁城遗址的研究必将更加深入。